JN074580

2023年版

ココに入社したい！
理系学生
注目の優良企業

日刊工業新聞特別取材班 編

　製造業を中心に、デジタル技術を活用した産業変革が進むなかで、国内においては1999年度をピークに理系学生が減少に転じています。一方で企業による理系人材の採用ニーズが高まり、優秀な人材の確保は各社共通の課題となっています。

　2023年入社の新卒採用については、"アフターコロナ"を見すえた企業の戦略的な人材発掘が活発化すると予想されます。就職戦線が"売り手市場"といわれるなか、主として理系学生とこうした学生を採用したい企業の橋渡しになればと、本書を企画しました。

　全国のさまざまな技術力・開発力を持つ企業の事業内容や魅力を、日刊工業新聞社の記者が取材を通して紹介します。

日刊工業新聞社

目次

潜在能力が問われる理系学生の"就活"
―活動先を幅広くとらえ、じっくり選択を

　新型コロナウイルス感染症の世界的な流行から2年がたち、2022年卒の就職戦線は前年に比べて落ち着きを取り戻した。新型コロナが急速に世界へ広まった20年は、企業の採用活動の遅れや、旅客・宿泊・飲食など一部業種での採用控えなどに見舞われた。23年卒の新卒採用は、コロナ禍から企業業績が回復してきたことや以前からの人手不足もあり、会社への入りやすさは前年並みか、コロナ禍の落ち着きぶりによっては上向く可能性も出てきた。就職活動に挑む学生と採用する企業側双方の視点から、23年卒の就職戦線を展望する。

企業によっては採用日程が早まる可能性も

　23年に卒業・修了予定の学生の就職活動が、22年3月に本格化し、合同企業説明会や個別企業の説明会が行われる。政府は23年卒の就職・採用活動日程について、広報活動の開始を22年3月以降、採用選考活動の開始を同6月1日以降、正式な内定日を同10月1日以降と決定。政府は経済団体などに対して、日程を守るよう求めている。

　先に就職活動の"本格化"と書いたのは、21年12月頃から一部のベンチャー企業などがオンライン会社説明会を開くなど、早くも採用に向けて動き始めているからだ。政府が決めた就職活動日程に企業を従わせる強制力はなく、あくまで政府から経済団体などへの要請にとどまっているのが実情だ。

　新型コロナの影響で景気が悪化し、企業の採用活動が遅れた2年前に比べ、足元では景気が

写真1　2021年の入社式に臨む新人たち

上向き、オンラインによる説明会や面談の機会も増えている。企業はオンラインとリアルを組み合わせた"ハイブリッド型"の取り組みを定着させつつある。23年卒の学生は、政府が定めた就職活動の日程を頭に置きながらも、自ら個別企業のウェブサイトを小まめに確認するなどして、早めに個別企業の情報を収集しておく必要がある。

業種別の就職確定先は
製造業や情報通信業が多い

ここで、22年卒の就職内定状況について見てみたい。リクルートの研究機関である就職みらい研究所は、同研究所の学生調査モニターの大学生・大学院生を対象に「就職プロセス調査」（集計対象は大学生1,489人、大学院生472人）を実施した。同調査によると21年12月1日時点の大学生（大学院生を除く）の就職内定率は、95.2％（前年同月比1.8ポイント増）となり、10月1日時点から2.8ポイント増え、コロナ禍前の20年卒と同水準となった。

10月の内定式が終わった後でも、少しずつ採用が動いていることが読み取れる。ただ、進路確定率は90.3％と前年同月と同水準で、コロナ禍前と比べると低くなっている。民間企業への進路確定者については、1000人～4999人規模の企業への就職が、28.5％となっていて、前年と同様に最も高い結果だった。

就職を確定した企業の業種別では、情報通信業が23.2％と最も多く、次いで機械器具製造業と製造業（機械以外）がともに12.1％となった（**図1**）。製造業全体では、就職確定先業種の24.2％を占め、情報通信業を上回っていることが分かる。

（出所）就職みらい研究所「就職プロセス調査（2022年卒）『2021年12月1日時点 内定状況』」

23年就活が楽になるかどうかは
新型コロナ次第

23年卒の就職活動を占う上で、もう一つ参考になりそうな調査を取り上げたい。就職情報の提供などを手がけるディスコが、23年3月に卒業予定の大学生1124人（理系は大学院修士課程1年生を含む）を対象に行った意識調査によると、22年卒の先輩たちよりも就職活動（以下就活）が「やや楽になる」との回答が前年の6.0％から48.8％に急増した。ただ、「厳しい」と「楽」の回答が拮抗（きっこう）し、新型コロナの感染状況について、見方が分かれている様子がうかがえる。

企業選びのこだわり度合いについての質問に対する回答は、「社風・人に強くこだわる」が

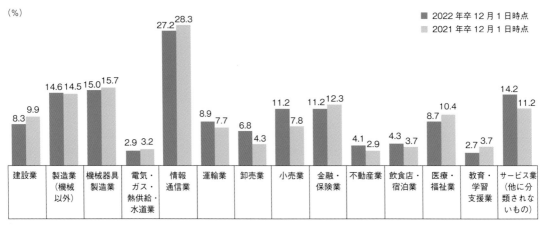

図1　内定取得先企業の業種 ［出所：就職みらい研究所：就職プロセス調査（2022年卒）「2021年12月1日時点 内定状況」］

57.5％、「企業規模に強くこだわる」は12.3％だった。さらに、「勤務地」にこだわる学生が68.6％と前年より大幅に増加した。就職活動の中心とする予定の企業規模については、「業界トップの企業」が17.6％、「大手企業」が37.4％となり、大手志向の学生が3年連続で減少した。

同調査によると、コロナ禍で「満足な大学生活が送れていない」が約7割を占めた。「自己のPRの内容に困りそう」という学生も増えて、就職活動に不安を抱えている学生の実情が浮き彫りになった。

特定の業界を志望するようになった具体的きっかけについては、「業界研究をする中で半導体業界の将来性や待遇の良さに魅力を感じた」（電子・電機志望、理系男子）「自己分析を進めていくうちに、研究を活かした職に就きたい気持ちが強くなった」（建設・住宅・不動産志望、理系女子）などといった声が聞かれた。（出所）ディスコ「11月後半時点の就職意識調査」（2021年12月発行）

インターンシップが採用に直結する場合も

次に、学生を採用する側の企業の状況についても触れる。東京商工会議所は、国内を新型コロナ感染"第5波"が見舞った21年7月から8月にかけて、「企業における採用・人材育成・教育支援に関するアンケート調査」をメールなどで実施。中小企業442社・大企業59社から回答を得た。同アンケートによると、大企業の95％、中小企業の51％が「新卒採用を行っている」と回答した。

「採用している」と回答した企業に採用対象を聞いたところ（複数回答）、回答割合は「大学生・大学院生」が大企業98％、中小企業75％となった。「専門学生・短大生・高専生」とした割合は、大企業66％、中小企業65％。「高校生」とした割合は、大企業41％、中小企業57％となり、高校生については中小企業の方が採用企業の割合が高い。

企業の採用手法も多様化

また、2022年卒の新卒採用を行う企業のうち、大企業は90％（51社中46社）、中小企業は49％（131社中64社）がそれぞれ採用活動を「オンライン化した」と答えた。企業はオンライン化したことによって「多くの学生と接点をもてた」「地方の学生の採用に繋がった」といったメリットを感じていることが同アンケートでわかった。一方でオンラインでは会社への

写真2　マスクなしで就活できる日は来るのか

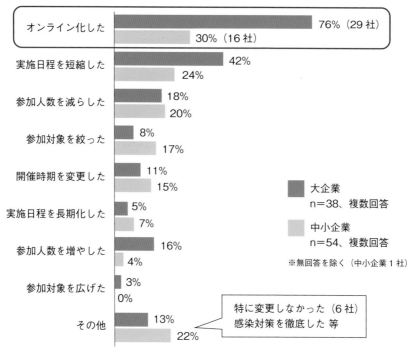

オンライン化した 76%（29社） 30%（16社）
実施日程を短縮した 42% 24%
参加人数を減らした 18% 20%
参加対象を絞った 8% 17%
開催時期を変更した 11% 15%
実施日程を長期化した 5% 7%
参加人数を増やした 16% 4%
参加対象を広げた 3% 0%
その他 13% 22%

大企業
n＝38、複数回答

中小企業
n＝54、複数回答

※無回答を除く（中小企業1社）

特に変更しなかった（6社）
感染対策を徹底した 等

図2　コロナ禍でインターンシップについて変更した点（出所：東京商工会議所「企業における
採用・人材育成・教育支援に関するアンケート調査結果」）

関心を高めてもらいにくい面があり、一部の企業からは「内定辞退者が増えた」といった声もあり、デメリットも指摘されている。

インターンシップの実施状況については、コロナ禍で変更した点について、「オンライン化した」と回答した大企業は76%（38社中29社）、中小企業は30%（54社中16社）で最も多くなった（**図2**）。コロナ収束後も「オンラインの活用を継続する」とした企業は、規模にかかわらず多かった（大企業29社中13社、中小企業16社中10社）。

インターンシップに参加することで企業への関心が高まり、採用選考に応募する学生が増え、企業側もインターンシップに参加した学生を結果として採用していた事例が多いことも明らかになった。

コロナ禍でオンラインが主体となった20年度とは異なり、21年度以降は企業合同説明会や学内の就職懇談会などを開き、学生と対面でのコミュニケーションを再び重視する企業も増

えてくると予想される。ただし、新型コロナの感染状況次第では、再びオンラインが主体になる可能性もある。また、地方企業では地元の学生に対し、OB懇談会や会社見学会を行っている企業もある。

（出所）東京商工会議所「企業における採用・人材育成・教育支援に関するアンケート調査結果」

専攻を問わない採用も

実際に企業は、どのような理系人材を求めているのだろうか。筆者は日頃から上場会社から中小・ベンチャーまで、幅広い企業の経営者に話を聞く機会がある。こうした経験から言えるのは、自社の事業と関係が深い分野を専攻した学生を、企業は必ずしも求めている訳ではないということだ。例えば、ある医療機器メーカーは、採用時には医療の知識を問わないとしているし、文系・理系や専門はもちろん出身大学、学部も問わないという企業も増えてきている。

機械メーカーの中にも、機械と電気の両方に知見のある人材を求める場合も多いことから、「大学での専攻にもこだわる必要はない」とする企業も少なくない。ヘルメットに作業着姿で、重たい資材を担ぐというイメージのある建設業界においても、建設作業の機械化や情報通信技術の活用が着実に進んでいる。ゼネコン（総合建築業者）には建築・土木だけでなく、機械設備や電機、環境に関わる職種もある。

学生に人気の高い情報通信業でさえ、人工知能（AI）やデータサイエンスの専門知識を問わない企業は数多い。経営者や採用担当者は、学生が大学や大学院などで何を学んできたかよりも、会社に入って何がしたいのか、その学生に業務を遂行する力や気構えがあるのかといったことを見極めようとしている。

最近では、企業が新たな領域に挑むためには、開発から生産・購買に至るまで全社を挙げた取り組みが必要なことから、幅広い人材が求められている。自ら新商品を開発し、社会の役に立ちたいと考えている学生にとっては、活躍する機会が広がっていると言えるだろう。生産技術においても、デジタル技術を積極的に取り入れて、変革を起こせる人材が求められている。

企業表彰制度に選ばれた企業から優良企業を探す

先に学生が就職活動をする企業の規模について、大手志向の学生が3年連続で減少したことに触れた。小規模ながら世界的に高い技術力を誇るメーカーはあるし、DX（デジタルトランスフォーメーション）関連のベンチャー・スタートアップ企業も目立つ。地方に目を向ければ、ユニークな製品やサービスを生み出す中堅・中小企業も数多い。

そこで、大企業から中小企業まで、優れた経営をしている企業を探し出すポイントをいくつか紹介したい。まず、インターネットの検索で

もすぐ見つけられる方法として、国（経済産業省や厚生労働省といった省庁）や、都道府県、各種団体、マスメディアなどが企業を表彰する制度に選ばれた企業を探すという方法がある。代表的な企業顕彰として、以下のようなものがある。

・経済産業省「健康経営優良法人」
・経済産業省「グローバルニッチトップ企業100選」
・厚生労働省「ホワイトマーク」（安全衛生優良企業）
・東京都「東京都中小企業技能人材育成大賞」
・大阪府「大阪ものづくり優良企業賞」
・中小企業研究センター「グッドカンパニー大賞」
・日刊工業新聞社「優秀経営者顕彰」

健康経営優良法人認定制度は、経済産業省が地域の健康課題に即した取り組みや日本健康会議が進める健康増進の取り組みをもとに、特に優良な健康経営を実践している大企業や中小企業等の法人を顕彰する制度。グローバルニッチトップ企業100選では、世界市場のニッチ分野で勝ち抜いている企業や、国際情勢が変化するなかでサプライチェーン上の重要性を増している部素材などの事業をもつ優良な企業などを選定している。

ホワイトマークは、労働者の安全や健康を確保するための対策に積極的に取り組み、高い安全衛生水準を維持・改善しているとして、厚生労働省から認定を受けた企業のことを指す。この認定を受けるには、過去3年間労働安全衛生関連の重大な法違反がないなどの基本事項に加え、労働者の健康保持増進対策、メンタルヘルス対策、過重労働防止対策、安全管理など、幅広い分野で積極的に取り組んでいることが求められる。

公開情報からでも
優れた企業の見当はつく

　また、企業のウェブサイトで企業の沿革や製品情報などを見ていると、その会社が特許を取得していたり、大学と共同研究を進めていたりしていることがわかる場合がある。さらに、その企業の市場占有率（シェア）が高く、何十年も続くロングセラー商品を出し続けていれば、顧客から高い支持を得ていると推察できる。

　サイト上の「ニュース」や「トピックス」といったコーナーに、複数の新聞記事や経済誌の記事で経営者や製品・サービスが取り上げられている場合も注目だ。こうした複数の記事を読んでいくと、その企業の強みや業界内における立ち位置、製品の詳しい評価が出ていることも多い。

　さらに取引先情報がサイトや会社案内に載っていれば、大手企業と取引があったり、幅広い取引先がいたりすることがわかる。取引先が特定の業種に偏っておらず、大企業を含めて幅広い業種に製品やサービスを納めている企業は、一般的に景気の波や外部環境に左右されにくく、経営が安定していると言える。

実際に職場を見ると
会社の雰囲気がつかめる

　公開情報からでも、その企業の情報は大まかにつかめるが、ウェブサイトや会社案内だけでは情報が少なすぎる場合もある。こうした場合は、合同会社説明会やインターンシップ、現場見学会などの機会に、社員が実際に会社についてどう思っているのかを聞いてみると、会社のイメージがつかみやすい。

　さらに、学生であっても本社や工場などの現場に足を踏み入れると、会社の雰囲気がおおよそ分かる。優良企業ほど従業員のあいさつやマナーが良く、社員の表情が明るい。

　もう一つの視点として、社会のデジタル化や脱炭素化などを背景に、企業を取り巻く環境が目まぐるしく変わっていることも見逃せない。昨日まで売れていた物が、明日から売れなくなる、ということもあるからだ。つまり、市場の変化に機敏に対応できる企業は、将来生き残る確率が高いと考えられる。

　一例を挙げれば、自動車用コネクター事業を主力とするメーカーが、本業で培った技術を応用し、医療で使うカテーテルの先端部品や、ソ

写真3　コロナ禍以前は就職フェアに大勢の学生が集まっていた

フトコンタクトレンズ用の樹脂製品の製造に乗り出したことがある。その一方、日本では世界的に評価の高い製品を作る企業が数多く存在したものの、新製品開発や顧客開拓がうまくいかず、資金繰り難で経営破綻した企業も少なくない。技術や製品の確かさに加え、市場環境の変化に合わせてうまく方向転換していける企業なら、将来性があると見なせるだろう。

デジタル化の活用で変わる企業

　理系学生が民間企業に正社員として就職すると、主に技能系社員として直接モノづくりに携わるか、技術系社員として研究・開発、生産管理などに従事することになる。あるいは技術営業職や、デジタル技術やバイオ技術などを活用した新たな事業創出に取り組むという道もある。いずれの職に就いても、生産活動におけるデジタル技術の活用とは無縁ではない。そこで、今後は引く手あまたとなる可能性が高いデジタル技術関連人材について、考えてみたい。

　モノづくりの工程や活動のなかで、1つでもデジタル技術を活用している企業は全体の54.0％―こんな結果が、労働政策研究・研修機

構が21年5月に公表した「ものづくり産業におけるDX（デジタルトランスフォーメーション）に対応した人材の確保・育成や働き方に関する調査」（有効回答数3679社）で明らかになった。同調査によると、デジタル技術の「活用を検討している」企業も合わせると、デジタル技術の活用に前向きな企業は7割を超える。

　さらに調査結果を見てみる。デジタル技術を活用できる人材の配置が求められる工程・活動を尋ねた（複数回答）ところ、「生産管理」が67.5％と最多で、次いで「製造」（57.3％）、「受・発注管理、在庫管理」（54.0％）、「開発・設計・実験」（47.2％）などとなった（**図3**）

企業はデジタル人材を社内で育てようとしている

　今回の調査では、デジタル技術を活用している企業による、デジタル技術活用に向けたモノづくり人材をどうやって確保するのかについても聞いている。これに対する回答は「自社の既存の人材に対してデジタル技術に関連した研修・教育訓練を行う」が48.6％、「デジタル技術に精通した人材を新卒採用する」が

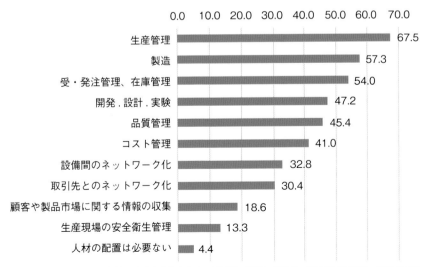

図3　デジタル技術を活用できる人材の配置が求められる工程・活動（出所：労働政策研究・研修機構「ものづくり産業におけるDX（デジタルトランスフォーメーション）に対応した人材の確保・育成や働き方に関する調査」）

11.0％、「デジタル技術に精通した人材を中途採用する」が27.7％、「出向・派遣等により外部人材を受け入れる」が4.9％だった。

こうした回答を見ると、企業は外部から中途採用などで人材をスカウトするよりも、新卒採用や社内の人材育成を通じて、デジタル技術を活用できる人材を育てることを重視していることが分かる。新卒社員は本来業務と並行して、デジタル技術に関する研修や教育訓練を会社の後押しで受けられる時代に入っていくと予想される。

5年後にモノづくりをしている技能系正社員にとって鍵となる技能については、「生産工程を改善する知識・技能」との回答が60.8％と最多となり、次いで「多工程を処理する技能」（52.8％）、「品質管理や検査・試験の知識・技能」（52.6％）。「設備の保全や改善の知識・技能」（49.1％）などの順で高くなっている（複数回答、同調査より）。

以上の結果から、生産現場でデジタル技術を使いこなせる人材に求められるのは、「生産工程に関する知識や技能」および「多工程を処理できる技能」である。理系社員がモノづくりでデジタル技術を使いこなす人材になるためには、その前提として、生産工程に関する知識や製造に関する技能を幅広く学んでおくことが必須条件となるだろう。

（出所）労働政策研究・研修機構「ものづくり産業におけるDX（デジタルトランスフォーメーション）に対応した人材の確保・育成や働き方に関する調査」

デジタル関連のベンチャー企業も新卒採用に乗り出す

既存企業のデジタル化の取り組みが進む中で、デジタル技術を活用したサービスを提供するベンチャー企業も、最近では採用を積極化している。製造業向け受発注プラットフォーム「CADDi」を運営するキャディ（東京都台東区）

は、長期インターン生の中から、希望者だけ選考を行っており、新卒は若干名を採用している。同社は2017年11月の創業ながら、正社員約250人（2022年1月時点）と急速に陣容を拡大。技術系職種ではシステムエンジニア（SE）の採用実績もある。

車両走行データの収集・解析サービスを保険会社や自治体に提供しているスマートドライブ（東京都千代田区）は、2019年1月からインターンシップ制度を取り入れている。インターンの期間は状況にもよるが、半年以上の長期インターンを前提とする。仕事内容はインサイドセールス、マーケティング、事業開発、カスタマーサクセス、エンジニアだ。同社は新卒を採用する計画はあるものの、23年入社の新卒採用に関しては、22年1月時点で未定としている。

建設業でも進むDXの取り組み

製造業以外では、一見するとデジタルとはほど遠いと思われる建設業界向けに、DXを後押しするサービスを展開している企業がある。アンドパッド（東京都千代田区）は、これまで紙や電話、FAXなどでのやり取りが主流だった建設業界の現場の効率化から経営改善まで一元管理できる、「ANDPAD」というサービスを提供。建設会社のあらゆる業務をデジタル化することにより、情報をリアルタイムで共有し、現場の生産効率を上げることができるシステムを構築した。

同社は23年に新卒1期生として20人を採用する予定で、このうち理系人材は10名としている。高等専門学校以上の学歴を持っている学生であれば、誰でも選考に進める。理系人材はエンジニア職での採用となるため、情報系出身者が選考に進むケースが多いが、プログラミングなどを独学で学んでいる学生もいるため、学部・学科・専攻などで選考を区切ることはしていない。同社は「あくまでもアンドパッドの

写真4　アンドパッドは新卒1期生を採用する予定

ミッションに共感し、エンジニアとしての成長意欲が高い人にエントリーしてもらいたい」としている。

　同社では建設業界のDXに向けて、新規事業や既存事業のさらなる成長のために数多くの開発プロジェクトが走っている。今回、理系学生の採用受け入れ先である開発部門では、経験豊富な中途社員が増え、新卒を受入れ新人を教育していくだけの体制が整ってきた。「このタイミングで、これからの会社の文化を創ってくれるメンバーに参画してもらいたいと考えている」（同社開発本部）。

　多くのデジタル系ベンチャー・スタートアップ企業は、製品やサービスの立ち上げ段階や販売先の拡大期にあるため、新人を育成する余力に乏しい。特に即戦力が求められるエンジニアなどの技術系人材については、経験者を中途採用するケースが多かった。今後は製品やサービスの認知度が高まり、顧客が拡大してきたときに、新卒採用に踏み切る企業が増えていくことが見込まれる。

大企業の採用は早まる可能性も

　これまで見てきたように、2023年卒の就職戦線は一部の大企業が採用活動の早期化に動く可能性はある。ただし、学生が中堅・中小企業にも活動先を広げれば、志望先を絞り込むのを焦る必要はないと言える。一部の大手企業が早めにエントリーを締め切ったとしても、他を探せば新卒を採用している企業は山ほどある。本書では全国から選りすぐりの企業を紹介しているので、一通り目を通してもらいたい。

　就職活動を焦る必要がない理由を付け加えると、大学によっては就職活動シーズンが本格化すると、就職課の職員が各企業に問い合わせて、新卒採用をまだ続けているかどうかを調べている場合がある。「あの企業はもう採用を打ち切ったのではないか」と不安になる前に、大学の就職課に相談に行くのも1つの手だろう。また、研究室の指導教授や知り合いの卒業生に頼んで、志望先の情報を教えてもらえないか頼んでみてもいい。いずれにしても、情報収集の手段はウェブサイトやSNSだけではない。視野を広げてあらゆるルートを探ってほしい。

　　　　　（日刊工業新聞社 出版局企画委員　宮里秀司）

データサイエンスが理系人材の付加価値を生む
―社会人になってからの学びが重要性を増す時代に

日刊工業新聞社　論説委員 兼 編集委員　山本 佳世子

新型コロナウイルス感染症に直面した私たちは、「予想もしない環境の変化が起きても通用する、本当の力とは何か」を考える機会を得た。日本は組織内で多様な職種を経験して成長する「メンバーシップ型雇用」の人材育成が強みだが、一人ひとりが常に社会を意識し、スキルを磨き続けることがこれからは必要だ。折しも理系では「ジョブ型」雇用に結びつくインターンシップ（就業体験）の試行も、文部科学省のリードで始まった。本稿では政府が全学部生1学年50万人に必須の学びとして掲げる「データサイエンス」を切り口に、これからの時代の仕事とキャリアを考えてみたい。

組織のさまざまな活動から得られる大量のデータを分析して、有益な知見を引き出す―パソコンやスマートフォンなどを通じてウェブでさまざまなデータが集まるようになり、データサイエンスの素養を持ち、新たな付加価値を生み出す人材へのニーズが高まっている。日本で遅れていたデータサイエンスを対象とする大学などの学部・学科などの新設も増えている（図1）。

データ分析自体は統計学や数学が土台だが、分析したデータをビジネスや行政、研究、医療など社会で重要な各分野と掛け合わせるのがポイントとなる。政府は2025年には、理系・文系を問わずすべての大学・短大・高等専門学校生に、データサイエンスの初級レベルを学ばせる目標を掲げる。

幅広い企業がデータサイエンス人材を求める

政府の旗振りとあって、国立大学は取り組みが進んでいる。北海道大学、筑波大学などは「全学必修」（全学生が必ず学ぶ）に踏み切った。こうした背景には、国立大は学生の理系比率が高いという事情もある。一方、文系では、高校の必修科目以外ではなじみの薄い数学や統計学を学び直すことになる。それでも文系比率の高い大規模私立大学の中では、早稲田大学や中央大学などが「全学で開講」（所属によらず希望すれば全学生が学べる）という体制をすでに整えた。

それというのも、就職先として人気が高いあらゆる業種の企業が、データサイエンス人材を求める流れとなっているからだ。実際に、データサイエンス教育に力を入れる大学の就職課やキャリアセンターは、学生の就職活動時のアピール材料として、こうした教育を位置付けている。

専門分野プラスαの学びが求められる時代

数年前であればデータサイエンス教育はまだ発展途上で、関連する学部・学科の学生というだけで注目された。しかし社会の変化スピードは速く、「学んでいないと具合が悪い」「学んでいることが社会人の標準」という次の段階が、予想より早く訪れそうだ。そうなると「専門はデータサイエンスです」という人よりも、「専門は理系の▽▽です。データサイエンスも副専攻の形で学びました」という人の方が、産業界

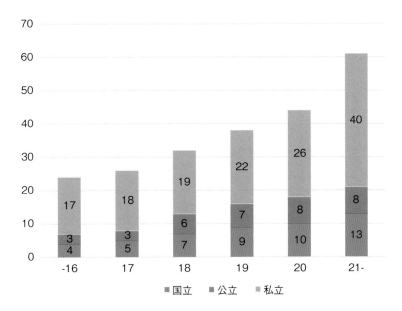

図1　数理・DS・AIを主とする学部・学科の設置校数（予定含む）［出所：数理・データサイエンス教育強化拠点コンソーシアム「数理・データサイエンス・AI 教育現状調査」（第2回）］

を引きつける面が出てくるだろう。

理系の場合はなんといっても、機械や電気・電子、化学や建築といった専門知識やスキルを最初から持っていることが強み。文系よりも、実験・実習やレポートなどの課題に追われる分、理系学生は科学的思考や数字の解釈などの強みが備わっていると評価される。その上でプラスαとなるのがデータサイエンスだ。

理系単科大学の場合、学生は基礎の数学などを高校で学んでいることが多い。そのため大学院レベルで、各専門とデータサイエンスを掛け合わせる教育プログラムが出てきている。東京工業大学や東京理科大学などがその例として挙げられる。

社会に出てからも学びの機会はある

ただ、通常の大学教育だけで終わらず、英会話力やビジネス・経営学、知的財産制度（特許や意匠）などの学びを重ね、より高いキャリアを目指す社会人は、これまでもそれなりにいた。理系の専門に、もう一つの強みを重ねれば「鬼に金棒」だ。この段階になると、学生時代

だけでなく社会人での長期的な学びをどう設計するかを思案することになる。

社会人では仕事の担当が変わって初めて、新たな学びが必要となることも珍しくない。イノベーションの創出につながる自らの知的資産を増やすために、社会に出てからも必要に応じて、重要なテーマを学び直す時代となってきているのだ。

無料で学べるオンライン講座「JMOOC」

データサイエンスにしても「大学での全学開講に、自分は間に合わなかったから…」という言い訳は、通用しないかもしれない。大きなテーマであるだけに、社会人向けプログラムを用意する大学も目に付く。無料の放送を通じて社会に開かれた「放送大学」でも系統だった学びが用意されている。「本格的に始める前に、ちょっとかじってみたい」という人を含めてお薦めできるものとして、無料で学べるオンライン講座「JMOOC」がある。同講座の受講生は、半分が大学の学部卒だ。

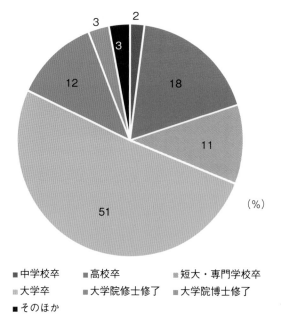

図2　JMOOC受講生の学歴構成［出所：JMOOCの資料から筆者作成（2020年12月25日時点）］

凡例:
■ 中学校卒　■ 高校卒　■ 短大・専門学校卒
■ 大学卒　■ 大学院修士修了　■ 大学院博士修了
■ そのほか

データ値: 2, 3, 3, 12, 18, 11, 51　(%)

大学院修士修了者も1割超でいる（**図2**）。通勤途中などにスマートフォンを使ってウェブで学ぶ形を想定し、授業は15分など短い区切りで積み重ねていくカリキュラムも多い。みっちり学んで学位を取得したいのなら、社会人向けの大学院に通うのもありだろう。

新型コロナウイルス感染症によってオンライン授業が一般的になってきたため、仕事と大学院の両立も以前より取り組みやすくなった面がある。人生100年時代、長い人生を充実したキャリアで歩んで行くためには、学びの柱を複数用意することが望ましいだろう。

入社後の進路は理系であってもさまざま

ところで就職活動において、理系学生は文科系学生と異なり、「どの程度、専門性を重視した就活をするか」に迷いがちだ。これは「志望する業種が研究開発型の製造業か、そうでないか」や、製造業であっても「志望する職種が研究や開発なのか、それともより社会に近い企画や技術営業なのか」によっても変わってくる。

これらに加えて、データサイエンスや英会話など、別の得意テーマを併せ持っているとしたらどうだろうか。

企業のニーズにぴたりとはまれば、専門性を活かした部署に配属される可能性が高まるのではないか。そうでなくても、より深い理系の専門と、多様な分野に対応可能な手法ーデータサイエンスや英会話などーの両スキルを持つことは、その後の異動やキャリアアップで考慮される可能性がある。

例えば理系学生でも海外赴任の希望があるのなら、短期留学などを学生時代に経験しておくことはプラスのはずだ。もちろん専門を深掘りし、関連の資格や学位を取得するなどで、「余人を持って代えがたし」のレベルを目指すことも、一つの選択肢に違いない。

ジョブ型雇用を取り入れる企業に入るのも選択肢の一つ

専門を究めたい人材にとって、昨今の就活の気になる話題の一つがジョブ型採用だ。文部科

表　文科省が推進するジョブ型研究インターンシップの特徴（筆者作成）

	ジョブ型研究インターンシップ	従来の一般的なインターンシップ
採用との関連	ジョブ型採用にインターンシップ結果を連動	原則は採用と別、一部企業は採用に活用
対象	研究の素養がある大学院生（まず博士課程）	学部生、大学院生（博士課程はごく一部）
期間	長期（2カ月以上が目安）	短期（数日など）
有給・無給	有給が基本	無給がほとんど
大学の扱い	正規課程の教育プログラムでの選択科目	正規プログラムや個人活動など多様
時期	各大学のプログラムによる	夏休みなど長期休暇での設定にシフト中

学省は企業・大学と連携して「ジョブ型研究インターンシップ推進協議会」を設立し、理系の大学院博士課程学生を対象とするインターンシップを開始した。ジョブ型雇用は実務能力の乏しい新卒生には向かず、また採用スケジュールに縛りがある学部生・大学院修士課程学生の場合は、早い段階で行われるインターンシップを採用に結びつけることができない。しかし専門性の高い研究業務に携わる博士学生では、それが可能だ（**表**）。

具体的にはまず、企業は研究業務の内容や必要な能力を提示する。各大学は研究科単位で、学生の希望とマッチングする。学生は大学の正規科目の一環として、2カ月以上の長期インターンシップに参加する。高度専門人材だけに有給という点が、低学年でのインターンシップとの違いとして大きい。終了後に企業は学生面談を経て、評価書などを発行する。

大学での成績につながると同時に、その後この評価書が採用選考活動へ反映させられるという。つまり企業と学生の双方が望めば、研究職に限定したジョブ型採用につなげられるのだ。博士学生の企業就職増は、政府としての長年の課題でもあり、その突破口になることが期待されている。

就活が終わっても学びは続く

以上、データサイエンスの切り口を中心に、理系学生のキャリア形成について見てきた。変化の激しい時だけに、この先のキャリアでは何が新たに必要になってくるかはわからない。職場内の異動や転職、はたまた起業への挑戦により、予想していなかった知識を身に付けざるを得なくなるかもしれない。

いずれにせよ、「就活を終えて大学を卒業すれば、学びは終了する」という社会ではなくなってきていることを、肝に銘じなくてはならない。次世代を築く若い人たちにはキャリアについて前向きに、考え続けてほしいと願っている。

プロフィール（やまもと・かよこ）
1964年生まれ。理学部化学科（お茶の水女子大）、工学系修士（東京工業大）のリケジョのち科学技術記者（企業担当も少々）。04年の国立大学法人化を機に創設された「大学・産学連携担当」にハマって抜けなくなる。産学官連携をテーマに社会人入学をして博士号（学術、東京農工大）。取材先にも読者にもすり寄らない記者特性〝どっちつかず〟から、「産と学」「科技と大学」をフラフラする。文部科学省記者クラブ常駐。東工大、電気通信大などで非常勤講師。著書は「研究費が増やせるメディア活用術」「理系のための就活ガイド」「理系女性の人生設計ガイド」。ブログは「産学連携取材日記」。

すぐに使える自身と企業のモチベーションファクター活用法

モチベーションファクター株式会社 代表取締役
横浜国立大学大学院 非常勤講師　山口　博

　就職先企業が自分に合っているかどうかを見極めるためには、どうしたらよいのだろうか。これまで培ってきた知識やスキルを存分に活かすことができて、メンバーと円滑なコミュニケーションができ、組織としての成果を上げることに貢献し、自身のキャリアプランを実現できる、そんな企業の選択確度を上げることができないだろうか。このように申し上げると、「そのような方法がないから苦労している」「どのような企業に入っても、努力と辛抱が必要だ」という声が聞こえる。

　ここで紹介する方法は、誰でも、短時間で、自分に合った企業を見極めることができ、相手を巻き込み、組織としての成果を上げることに貢献できるようになる、コアスキルだ。横浜国立大学大学院で「グローバルスタンダードの次世代ビジネススキル」講座で、理屈や理論ではなく、動作と話法の発揮力をその場で高めるプログラムとして実施している方法が、就職企業の選択、ひいては、自身のキャリアプラン実現のために役立てば幸いだ。

企業の選択確度を高める方法

　「自分に合った業種の見当がつかない」「就職先企業をどのように選択したらよいかわからない」「インターンをしても、その仕事が自分の適性に合致しているのか自信がもてない」「企業訪問や面談をしても、企業風土が自分と合うかどうかわからない」…学生の方々からこのような相談をよく受ける。

　これらの問題に気付かないまま就職活動をしてしまってはなおさらのこと、問題を解消しないままで就職先を選択してしまっては、「業種が合っていない」「企業の選択基準を間違えた」「自分に合った仕事ができない」「企業風土になじめない」ということになりかねない。その結果、入社当初からすぐに違和感が生まれ、自己実現できずに、成果を上げられないことになり、モチベーションが下がるという負のスパイラルに陥ってしまう。これは、学生にとっても、企業にとっても、大きな損失だ。業種や企業や仕事や企業風土が自分に合っているかどうかを、的確に見極めることが必要だ。

　このように申し上げると、「その方法がないので、学生も企業も苦労している」「短期間で行う就職活動で見極めるのは無理だ」「郷に入れば郷に従えで、学生は辛抱して企業になじまなければならない」という反応に接する。いずれも、業種や企業の選択確度を高めることは難しいと考えていたり、限界を感じていたりして、諦念をもっているように思える。しかし、私はそうは思わない。業種や企業や仕事や風土が自分に合致しているか見極める方法がある。それも就職活動の限られた期間の中で、十分に短時間で身に付けて実践できる方法だ。

元になる要素を見極める

　企業と自分の適合性が高まらないのは、企業が必要としている多岐にわたる知識やスキルを捉えることが容易ではなく、加えて、自分が有している知識やスキルを把握できていないこと

が多く、両者の全ての適合性を捉える確度が高まらないことによる。加えて、急激な環境変化に直面し企業活動の主軸が変わることさえ例外ではない今日においては、入社時に把握した適合度が短い期間で大きく変わることがよくある。例えば、自動車業界がガソリン車から電気自動車へ舵を切っていることは、その一例だ。

しかし、多岐にわたる知識やスキルの全ての適合度を捉えようとすることには、無理があり、現実には役立たない。そこで、知識が高まりやすくなったり、スキルが高まりやすくなったりする、元になる要素を見極める。その要素と自分との適合度を高めれば、多岐にわたる知識やスキルの適合度も、環境変化に応じた適合度も、結果的に確度が上がることになる。表面の多様な現象の全てを捉えようとすることは難しくても、それらの現象を生み出す元になる要素を捉えることは容易なのだ。

その元になる要素が、モチベーションファクター®で、意欲が高まる要素だ。モチベーションファクターは、**図表1**のとおり、挑戦することで意欲が高まる目標達成型、工夫することで意欲が高まる自律裁量型、役割を果たすことで意欲が高まる地位権限型、連携することで意欲が高まる他者協調型、リスク回避することで意欲が高まる安定保障型、バランスをとることで意欲が高まる公私調和型の6つに分かれる。

前三者の傾向が強い人を牽引志向、後三者の傾向が強い人を調和志向の高い人と称してい

る。肉食系と草食系、狩猟型と農耕型と表現されることもある。中国各都市でもプログラムを実施しているが、狼型と羊型というように同時通訳の方が訳してくれている。言い方はいずれにせよ、人それぞれが持つ、意欲を高める要素だ。

私がこれらの6つにモチベーションファクターを区分しているのは、日本のビジネスパーソンのモチベーションファクターがこの6つにほぼ均等に分布されるからだ。牽引志向と調和志向も51.4%と48.6%というようにだいたい半々になる。従って、自分が高い要素があれば、全国平均に比べてここが高いというように、低い要素があれば、ここが低いというように彼我の差の見当を付けやすい。

モチベーションファクターのどこが高い、どこが低いからと言って良し悪しを示すものではない。例えば成果を上げるために、目標達成型の人も貢献するし、独自の工夫をする自律裁量型の人も、責任を果たそうとする地位権限型の人も貢献する。協力して成果を上げる他者協調型の人も、リスク回避して成果を上げる安定保障型の人も、さまざまなタスクのバランスをとる公私調和型の人も成果を上げることに貢献する。どのモチベーションファクターの人も成果を上げることに貢献するので、良し悪しを示すものではない。成果を上げる元になる意欲を高める要素なのだ。

業界により異なる モチベーションファクター

そこで、自分のモチベーションファクターと、就職先企業のモチベーションファクターのそれぞれを見極めて、両者の合致度が高い企業を選択できれば、適合度は高めることができる。

そもそも、相性が合う人と合わない人がいる。話が噛み合う人と噛み合わない人がいる。多くの場合、直観や印象で捉えがちだが、これ

図表1　モチベーションファクターの2志向、6要素

2志向	6要素	内容
牽引志向	目標達成	チャレンジすることで意欲が高まる
	自律裁量	創意工夫をすることで意欲が高まる
	地位権限	責任を全うすることで意欲が高まる
調和志向	他者協調	協力し連携することで意欲が高まる
	安定保障	リスク回避することで意欲が高まる
	公私調和	バランスをとることで意欲が高まる

出典：モチベーションファクター株式会社によるモデル

らをモチベーションファクターの違いで捉えると、相互のマッチ度を把握しやすくなり、マッチ度を高めやすくなる。例えば、目標達成型の人が、「リスクを恐れずチャレンジしよう」と掛け声をかけたとする。同じ目標達成型のメンバーは「早速、取り組もう」とすぐに同調するが、安定保障型の人は「リスクに備えた方がよい」と違和感を覚えたりする。個人のモチベーションファクターの総和が、組織のモチベーションファクターを示す。企業風土の違いは、一般に漠然とした印象論で捉えられやすいが、私は、モチベーションファクターの差異という具体的な数値で捉えている。

自分と企業のモチベーションファクターが同じ要素だったり、異なる要素でも牽引志向か調和志向の同じ志向を示していたりすれば、コミュニケーションがしやすい。反対に、自分は牽引志向、企業は調和志向というように、モチベーションファクターの志向が大きく異なっていると、話しが噛み合わないこと多い。自分と企業の相性の問題は、モチベーションファクターの一致度の問題と捉えることができる。就職先企業を選択するにあたり、自分のモチベーションファクターと大きく乖離していない企業を選択すれば、その企業との相性、ひいては企業風土のマッチ度が確保されることになる。

図表2　牽引志向の分布（%）

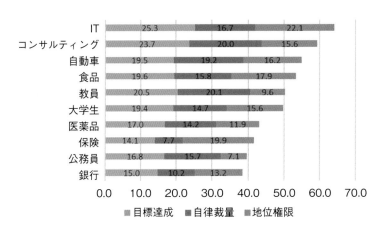

出典：モチベーションファクター株式会社による集計（N＝1,114）

図表3　調和志向の分布（%）

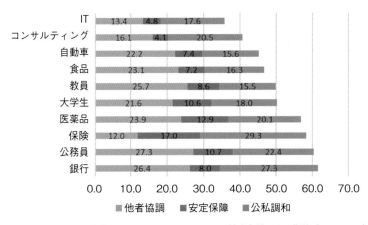

出典：モチベーションファクター株式会社による集計（N＝1,114）

事実、モチベーションファクターの傾向は、**図表2、図表3**のとおり、業種によって大きく異なる。

モチベーションファクターは、知識修得やスキル発揮の元になる意欲を高める要素なので、パフォーマンス発揮の源泉と言える。このモチベーションファクターが、自分と就職先企業で大きく異なると、思うように成果を創出できないということになりかねない。一例だが、自分のモチベーションファクターは目標達成型だが、親の勧めで金融・保険業界に多い安定保障型の企業を選択したり、自分は他者協調型だが、就職ランキングで上位に入るコンサルティング業界に多い自律裁量型の企業を選択したりしてしまうと、マッチ度が著しく低下する。自分のモチベーションファクターを見極める、企業のモチベーションファクターを見極める、その上で、両者のマッチ度をふまえて選択することが、まず重要だ。

自分のモチベーションファクターの見極め方

それでは、実際に、自分のモチベーションファクターを見極めるにはどうすればよいか。読者の中には、図表1の内容を見て、すでに自分のモチベーションファクターの見当を付けている人もいるに違いない。もう少し細かく把握するには、**図表4**の各モチベーションファクターのキーワードの中から、自分にとって大事だと思うものを選んで、その数の多少で、自分のモチベーションファクターを把握する方法もある。大事だと思う順に、自分なりに点数の大小を付けて、モチベーションファクターごとの合計点数を算出するような、多少精緻な方法もある。

モチベーションファクターは、その要素が実行できているかどうかを表すものではない。実行できていて、かつ、さらに取り組みたいという意欲が高ければ、そのモチベーションファク

図表4　モチベーションファクターのキーワード

2志向	6要素	キーワード			
牽引志向	目標達成	達成	挑戦	成長	断行
	自律裁量	自律	信念	創造	工夫
	地位権限	進歩	認知	権威	成功
調和志向	他者協調	協力	連携	交流	帰属
	安定保障	安全	安定	一貫	環境
	公私調和	調和	快適	維持	多様

出典：モチベーションファクター株式会社によるモデル

ターは高く出るし、実行できているが、もう十分だと思っているなどして、意欲が低ければ、モチベーションファクターは低く出る。逆に、実行できていないので、取り組みたいという意欲が高ければ、そのモチベーションファクターは高く出るし、実行できておらず、諦念をもっているなどして、取り組みたいという意欲が低ければ、モチベーションファクターは低く出る。モチベーションファクターは実行できているか、いないかに関わらず、意欲を高める要素なのだ。

相手のモチベーションファクターを見極める

自分のモチベーションファクターのみならず、相手のモチベーションファクターを見極めることができれば、相手のモチベーションを上げ、相手を巻き込みやすくなる。就職面接で、面接官を巻き込むことができ、ひいては、ビジネスパーソンとして成功するための大事なスキルだ。相手を巻き込むことができている人のスキルを分解すると、相手のモチベーションファクターの見極め確度が高い。

相手のモチベーションファクターは、その人の言動から推定することできる。すでに話したことのある人であれば、過去の言動から相当程度見当が付く。初めて会った人でも、最初の2分程度の対話で、8割の人が、相手のモチベーションファクターの志向をだいたい見極めるこ

とができている。

一番簡単な方法は、一人で実施することが好きであれば牽引志向が強い、逆にみんなで取り組むことが心地良さそうだったら調和志向が強いというように、まずは、牽引志向か調和志向のどちらか強いかを見当付ける方法だ。その上で、その人のこだわりがチャレンジか、オーナーシップか、ステイタスのどれが強いかがわかれば、牽引志向の中の要素、目標達成型か、自律裁量型か、地位権限型かを特定する。こだわりがパートナーシップか、リスク回避か、バランスかで、調和志向の中の要素、他者協調型か、安定保障型か、公私調和型かを見極める。

大事なことは、6つのモチベーションファクターのうち、どれが強いかを厳密に見極めようとしないことだ。この人はどのモチベーションファクターだろうと1週間も2週間も思い悩んでいては、モチベーションファクターを実践で活用できない。「だいたい牽引志向だ」「どちらかと言えば調和志向が強い。中でも協力ということにこだわりがありそうだ」という程度の大雑把な見極め方の方が、実践に役立つ。

就職面接で、面接官のモチベーションファクターを見極めるには、その面接官が目を輝かせて口にだすフレーズに着目するとよい。「チャレンジ」「目標達成」「成果」というような言葉に力を込めていれば、その面接官は目標達成型の傾向が強そうだ。「独自の取り組み」「ユニークな実績」にこだわっているようならば自律裁量型だと見当を付けてよい。「チームでの取り組み」「協力」「連携」を大事にしていそうだったら、他者協調型だという見当が付く。

面接官1人のモチベーションファクターの見当が付いても、それがその企業の全てのモチベーションファクターを示すものではない。しかし、インターンや企業訪問、そして何回かの面接で、複数の人のモチベーションファクターの見当を付けていくと、その企業のモチベーションファクターの傾向が見えてくる。牽引志

向の人が多い、調和志向の人がほとんどだということがわかってくる。ましてや面接官になる人は、たいていその企業の中核人材なので、企業を担っている人材のモチベーションファクターと、自分のモチベーションファクターのマッチ度を捉えるのに適している。

相手を巻き込む説明話法、返答話法

このように、自分と企業のモチベーションファクターを見極めて、ギャップの小さい企業を選択肢として重視することがよい。相性が合い、話が噛み合い、成果を生み出しやすくなる。他方、ギャップが大きい企業でも、円満にコミュニケーションを取り、成果を発揮しやすくする方法がある。それが、自分とは異なる、相手のモチベーションファクターの内容やフレーズを組み込んで話をする方法だ。

就職活動で、自己紹介をしたり、これまでの取り組み内容を説明したりするという機会は数多くある。何も考えないで説明しようとすると、自分のモチベーションファクターの内容やフレーズが無意識のうちに多く組み込まれている。自律裁量型の人であれば、いかに工夫して取り組んできたか、ユニークなことを実施してきたか、他者協調型の人であれば、どのようにチームワークを高めてきたか、協力してきたかということに重点が置かれがちだ。

そこで、自分のモチベーションファクターではなく、相手のモチベーションファクターの内容やフレーズをできるだけ多く組み込んで、自分の紹介や自分の取り組み紹介をする。例えば、相手は安定保障型、自分は目標達成型だったとする。いかにリスクテイクしてチャレンジしたかという目標達成型の内容やフレーズではなく、相手のモチベーションファクターに合致した、リスクに備え万全の準備をして安定した成果を上げたという安定保障型の側面に着目した内容やフレーズを用いる方法だ。そうすることで、聞き手の集中度、関心度を格段に高める

ことができる。なにしろ、相手の意欲を高める要素に関連した内容やフレーズなのだから、相手の琴線に触れやすい。「多様な相手のそれぞれに合わせて話をしよう」ということは、よく言われることだが、そのための具体的で、すぐに実施できる方法が、相手のモチベーションファクターを組み込んで話をする、この方法だ。

相手のモチベーションファクターの内容やフレーズを組み込んで説明することに抵抗感を覚えなければ、その企業も就職先の選択肢として残しておける。逆に、どうしても相手のモチベーションファクターを組み込んで話をすることに違和感を払拭（ふっしょく）できなければ、そのモチベーションファクターを許容する余地が小さいと言えるので、就職企業としての選択肢から外した方がよいかもしれない。ストレスがたまることが目に見えている。

モチベーションファクターに加えて、面談時にどのような返答をして、対話をはずませ、面接官を巻き込むかという返答話法のスキルも、相手を巻き込むために重要だ。それでは就職面接時に、どのような返答をして対話をはずませ、面接官を巻き込めばよいのだろうか。私は返答話法を、**図表5**のようにモデル化している。相手の言った範囲内で反復したり要約したりして返答する、反復話法、要約話法。相手の説明に情報や具体事例や経験事例を加えて、話を広げて返答する、詳細話法、例示話法、経験

図表5　返答話法

返答話法	内容
反復話法	相手の説明の範囲内で、反復して返答する
要約話法	相手の説明の範囲内で、要約して返答する
詳細話法	相手の説明に、情報を加え詳細に返答する
例示話法	相手の説明に、具体事例を挙げて返答する
経験話法	相手の説明に、経験事例を挙げて返答する
示唆話法	相手の説明に、仮定と帰結を示し返答する
転換話法	相手の説明を、論理転換した上で返答する

出典：モチベーションファクター株式会社によるモデル

話法。そして、仮定を置いて示唆する示唆話法、AならばBをBならばAということも言えるだろうかというように論理展開する転換話法の7つだ。

トピックスや状況によって、適した返答話法が異なるが、相手の好みに応じた返答話法を繰り出すと、対話がはずみ、相手を巻き込みやすくなることがわかっている。そして、牽引志向の人は、詳細話法以下の話法を好む傾向がある。自分の話に相手が付け加えてくれる部分があって、追加情報や具体事例や経験事例を挙げてくれたり、示唆や転換により話が展開したりすることを歓迎する。逆に、調和志向の人は、反復話法や要約話法で返答されることを好む。まずは自分の説明に対して、反復されたり、要約されたりすることで、自分の説明を理解していることを確認して安心したいという意向がうかがえる。就職面接でも、ビジネスパーソンとしての活動でも、相手の好みに合わせた返答ができるようになると、格段に対話が進み、相手を巻き込めるようになる。

自分と仕事の モチベーションファクター

ここまで紹介してきたのは、自分と企業の「人」のモチベーションファクターのマッチ度だ。これに加えて、自分と企業の「仕事」のモチベーションファクターのマッチ度も見極めておくと、さらに企業選択の確度が上がる。例えば、システムのエラーをひとつひとつ発見するというような、決まったプロセスに則ってコツコツと定型業務を行う安定保障型のモチベーションファクターを発揮する仕事があるとする。安定保障型の人にとっては、その仕事にはストレスがなく進捗しやすい。反面、型にはまらず独自の工夫をすることで意欲が高まる自律裁量型の人にとっては、その仕事はストレスが生じ、進捗しづらいと言える。このように、ストレスが発生しやすいかどうか、業務効率が上

がるかどうかは、自分と仕事のモチベーションファクターのギャップの大きさに左右される。

主たる仕事が、自分のモチベーションファクターに合致しているかどうかは、就職先企業の選択の重要な要素だ。自分のモチベーションファクターに合致した仕事ができそうな企業を選択することがお勧めだ。しかし、仕事は選り好みできないことがほとんどで、また、入社当初は自分のモチベーションファクターに合致した仕事ができていても、その後の異動や昇格によって、例えば、個人でチャレンジする自律裁量型の仕事から、チームをまとめる他者協調型の役割に変わるなど、自分のモチベーションファクターとは異なる仕事を進めなければならない場面に、ほとんどの人が直面する。

そうした状況に直面したら、仕事のモチベーションファクターと自分のモチベーションファクターの両方を、業務プロセスの中に盛り込んでしまえばよい。例えば、仕事のモチベーションファクターが安定保障型で、自分が自律裁量型だったら、プロセスを確認する（安定保障）→プロセスを工夫できる点はないか検討する（自律裁量）→コツコツとエラーを発見する（安定保障）→エラーの出現パターンを自分なりに見極める（自律裁量）というよう、安定保障と自律裁量の両方が満たされるアクションをプロセスに盛り込む方法だ。こうすることで、仕事のモチベーションファクターも、自分のモチベーションファクターも満たされ、ストレスは緩和され、業務効率が上がりやすくなる。

「嫌な仕事でもやれ」「辛抱が大事だ」「石の上にも３年だ」…入社後、こうした激励に接することがあるに違いない。しかし、やみくもにがんばっても業務効率が上がらないし、辛抱するだけではストレス耐性は高まらない。仕事と自分のモチベーションファクターの両方を業務プロセスに組み込むという具体的な行動が、生産性を上げることに間違いなくつながる。

モチベーションファクターをふまえたスキル発揮

今日、テレワークの継続、社内コミュニケーションの低下、顧客アプローチの変化、売り上げの激変など、これまでにない環境変化に直面する中、モチベーションファクターにも変化の兆しが見える。**図表6**はA社の各年の入社3年目社員のモチベーションファクターで、**図表7**はB大学の学生の各年のモチベーションファクターの経年推移だ。いくつかの傾向を指摘できるが、私が着目しているのは、両者ともに、安定保障、公私調和が増加傾向にあり、他者協調が低下傾向にあるということだ。

公私調和のモチベーションファクターが高まっている背景には、テレワークやリモート授業が日常化し、仕事や学業とプライベートを両立させる必要性が高まっていることがあるだろう。また、これまで経験したことのない環境変化に直面し、安定保障のモチベーションファクターも高まっている。これら二つの要素については、必要性や環境変化に対応している結果と言えよう。

一方、テレワークが進み、コミュニケーションの量や質やエンゲージメント（相互の巻き込み）のレベルが低下する中、それらを向上させようという意欲が高まれば、他者協調のモチベーションファクターの数値は上がるはずだ。しかし、この数値が下がっているということは、テレワークが進む中、コミュニケーションやエンゲージメントの問題が放置されていて、テレワークなのだから、他者協調は低下してもしょうがないという諦観が流布しているように、私には思えてならない。このまま低下してしまっては、個人の成果が組織の成果につながらないという深刻な状況を生みかねない。環境変化に応じた経営課題、組織開発課題は、このように、モチベーションファクターで読み解くことができる。

図表6　メーカーＡ社の入社３年目社員のモチベーションファクター

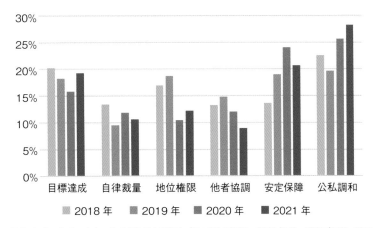

出典：モチベーションファクター株式会社による集計（Ｎ：2018年30、2019年12、2020年18、2021年30）

図表7　国立Ｂ大学の学生のモチベーションファクター

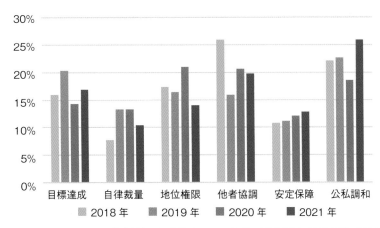

出典：モチベーションファクター株式会社による集計（Ｎ：2018年28、2019年34、2020年29、2021年23）

　自分のモチベーションファクターを見極めて、面談相手や企業のモチベーションファクターを見極めて、就職企業を選択することや、相手のモチベーションファクターや相手の好みの返答話法に合致したコミュニケーションを行うことは、相手を巻き込み、就職活動の目的を果たすために有効なスキルだ。加えて、就職活動のみならず、その後のビジネスパーソンとしての活動の中で、組織の成果を挙げるリーダーとして必要不可欠なスキルだ。ここで紹介したスキルは、いずれも、対面でなくても、非対面でも活用できる。知識修得やスキル発揮の元になるモチベーションファクターを活用していた

だき、当面の就職活動、ひいては生涯のキャリアプランの実現に役立てていただきたい。

プロフィール

国内外金融・IT・製造企業の人材開発部長、人事部長、PwC/KPMGコンサルティング各ディレクターを経て、現職。横浜国立大学大学院で理工学専攻修士学生を対象とした「グローバルスタンダードの次世代ビジネススキル」講座を担当する非常勤講師。主な著書に「ビジネススキル急上昇日めくりドリル」（扶桑社）、「99％の人が気づいていないビジネス力アップの基本100」（講談社）。ダイヤモンドオンライン「トンデモ人事部が会社を壊す」を長期連載するコラムニストでもある。慶應義塾大学法学部卒。

専攻よりも研究過程が大切
―自分は何がしたいのか自問自答を

東京電機大学理工学部 特任教授　面谷 信氏

　終身雇用制度を維持する企業が減り、企業間で人材の流動化が進んでいる。理系学生が大学や大学院から企業に進んだとしても、その企業で定年まで務めあげられる保証はない。グローバル化やデジタル化などを背景に、理系学生を取り巻く環境が変わっていく中、学生はどのようにキャリアを描いていけばよいのかー　企業に就職経験がある面谷信東京電機大学理工学部特任教授に、理系の大学生や大学院生らのキャリア形成のあり方や、就職活動をする前に考えておくべきことなどについて聞いた。

修士課程から企業に就職し、在職中に博士号を取得、再び大学に戻って教授に就任した経緯について教えてください。

　「修士課程修了後に入社した日本電信電話公社（現NTT）には、17年間在籍した。当初、20年間は務めようと考えていたが、東海大学からお声がかかり『いずれは大学で職を得たいと思っていたし、ご縁のあるうちに』との思いで転職し、定年まで東海大に勤めた。その後幸い東京電機大からお誘いを頂けて、現職となった。現在は電子ペーパーの研究をメインとしている」

大学・大学院では機械工学を専攻されましたが、NTTに就職したきっかけについては。

　「卒業研究から始めて修士課程で研究していたのは金属材料の強度だったが、特にそれを続けたいという希望はなかった。むしろ機械工学以外のことをやってみたいという志向もあった。入社したNTT（当時は電電公社）で機械工学の知識を活かしたかというと、実は全く活かしていない」

　「電気の知識は全然足りなかったため、入社してからあわてて電磁気の勉強を始めたが、何とかなった。そういう意味で今の学生も、機械出身で電機メーカーに入ってもいいし、電気の出身で機械の会社に入ってもいい。電機メーカーにも機械技術者は必要だし、機械の会社でもエレクトロニクス技術は必須。例えば自動車メーカーなどは機械系だが、電気自動車であったり自動運転であったり、むしろ電気技術者の方が強く求められる状況にある」

いったん就職した後に、働きながら会社の業務とは関係のない分野の研究での博士号取得は可能でしょうか。

　「原理的には、社会人博士課程に入って、業務とは全く違う研究テーマを持って博士号をとることは可能だ。ただし、寝る間や家族と過ごす時間を削りながら、3年くらい続けることができればという話。現実にはなかなか大変なことだと思う」

　「私の場合は会社の業務で取り組んだ研究で論文を書き、それをまとめて論文博士を取った。博士課程に在学したわけではないので、博士論文指導教授のご指導を受けに、大学に10回行ったかどうかだった。会社の業務とは独立のテーマで博士号を取るのは、相当な精神力と体力がいるだろう」

会社の業務と関連性のある研究であれば、働きながら博士号を取ることはできますか。

「それは企業によるだろう。企業での開発業務のテーマの延長上長で博士号をとることを認めてくれる会社と、それを許していないところがあるようだ」

理系学生の中には、企業で技術営業職につくパターンもあります。

「私の指導学生にも、米国で英語発表を行う研究実績を上げて卒業し営業職で活躍している修士修了者がいるが、その学生はもともと、コミュニケーション力が高く、技術営業のような仕事に向いていたのだと思う」

「おそらく、技術営業には、お客さんのところに行って、技術的なリクエストをきちんと理解でき、会社に戻ってから『こういう技術を用意すれば、顧客の要望に応えられる』と技術の言葉で伝えられるような能力が必要となるだろう」

「お客さんが技術的な言葉でリクエストを述べたときに、『そんな、難しいことは分かりません』と言うのではなく、そこは『よく分わか

りました』と理解して、会社にやるべき事を伝えられるというのが、技術営業の役目だと思う。せっかく理系の学科で技術をやったのに、営業職ではそれを活かせないと言うことではまったくない。理系で技術を学んでいるからこそ、営業成果を上げられるということは、大いにありうることだと思う」

これまで就職について学生から相談を受けて印象に残ったことは。

「地元企業に就職したいと言っていた学生に、大手複写機メーカーからの求人があるからと薦めたら、その会社に入って今も活躍している学生がいる。私の勤めていた東海大学の光・画像工学科は、印刷会社からの引き合いが多くあり、大手から中小企業までかなりの学生が就職している」

企業経営者に聞くと、就職を希望する学生は自分の専門分野だけでなく、幅広い業種や職種にチャレンジして欲しいと言っています。

「私もその意見に大賛成で、学生にはぜひ今の話は伝えたいところだ。例えば大学の卒業研

究や修士課程で研究した内容を活かせるところに行きたいという考えは、私はむしろ捨てた方がいいと考える」

「その理由の1つは、卒業研究で1年やりましたと言っても、たいしたキャリアではない。また、修士でさらに2年研究を続け、卒業研究と合わせて3年やりましたといっても、たいした付加価値ではない」

「むしろ、卒業研究や修士での研究を通じて獲得した、研究手法や継続力、まとめ方やプレゼン力などの基礎力を活かすという考え方を持った方がいいと思う」

「それというのも、企業での開発業務のペースを考えると、学部で1年かけたことなど企業では2、3カ月で終わってしまうかも知れない」

「修士で2年かけたことも、企業では半年で済ます仕事かも知れない。企業は大学での研究内容よりはむしろ、研究過程で身につけた基礎力の方に期待していると思われる。例えばぜひとも修士でやった専門を活かしたいとなると、すごく選択肢が狭くなってしまう」

「修士で学んだ基礎力を活かしたいと考えれば、格段に間口が広くなる。その間口を広くした状態で就職先を探した方がはるかに選択肢が広がるだろう」

「自分のやってきた研究と同じようなテーマが、企業でできたとしたら幸運だが、それはめったにないことと思われる。だから、自分の研究テーマや専攻によって就職先を絞り込む考え方はいったんリセットした方がいいということを、学生にぜひ伝えたい」

「ただし、博士課程を出たとなると、企業も専門分野における研究経験を期待しているケースが少し増え、博士号をとった研究内容を就職先で活かせる場合も多くなるだろう。修士と博士とでは、かなり専門の活かし方が異なると思われる」

自分の専攻とは違う分野に進むのをためらう学生もいるのでは。

「学生本人が一度自問自答してみるべきだと思う。自分は何をしたいのか、どうなりたいの

か？　今たまたま卒論や修論でやっている研究を続けて何かを極めることが最大のゴールなのか？　私の場合はテーマは何でもいいから、研究職をぜひ続けたいと考えていた。研究職に就けるのが私にとっては大事だった」

「学生にもいろいろな価値観があると思う。例えば研究をしたいのであれば、研究環境の整っていそうな企業を選べばいい。あるいは自分の設計した製品を世の中に出して使ってもらうことに喜びを感じるのであれば、設計業務の多そうな企業に行けばいい」

「少量多品種型の企業では、自分が設計したものが世に出るチャンスは多いだろう。逆に、例えばアップルのように少品種大量販売の企業では、詰めに詰めた設計を要求され、しかもその設計が採用されるかどうか分からないけれども、製品としての販売台数は多いだろう。自分はどちらがいいのか、そういう観点で企業を選ぶことも1つの手かも知れない」

今の学生の就職活動について言いたいことはありますか。

「最近の学生と話をしていると、就職先は自宅から通える範囲内にしたいという学生がかなり多いが、それを言うとものすごく選択肢が狭くなる。そこだけは完全にリセットしてほしい。就職は巣立ちのタイミングでもあるので、『今は家を出るタイミングだよ』と学生には話している」

内定から就職までの期間に学生がすべきこととは。

「世の中に発信する価値のあるオリジナリティのある研究をし、少なくとも修士の学生であれば、学会発表はしておいた方がよい。大学にいれば、学会活動は比較的身近にできるが、企業に入った途端に、学会活動へのハードルは急に高くなる。企業において学会発表のチャンスはそうそうないと思った方が良いと思う」

「ぜひ学生の間に、学会発表をし、できれば学会投稿論文を書くことに取り組んでほしい。学会発表に至るレベルの研究をきちんとできたならば、結果的にあらゆる力が自動的に備わっていることになるはずだ」

「研究を計画する力、根気よく継続する力、まとめ上げる力、プレゼンする力。そうした力を備えて社会に出れば、企業等でも活躍できるだろう。できれば、国際的な学会での英語発表を経験しておけば、もう一段上の力が付く。英語で発表論文を書き、プレゼン資料をつくり、発表し、英語での質疑応答をすれば格段に力がつくし度胸もつく」

「学会発表の機会は企業に入るとなかなかないので、大学にいるうちにぜひやっておいた方がいい。学会発表経験があれば、企業に入ってから、『このネタでこの学会で発表できそうだからやらせてほしい』ということも言えるかも知れない。学会発表経験があれば、企業に入ってからでも博士号をとることに道筋が見えやすいだろう。学会で英語を実用に使うのも貴重な経験になると思う」

プロフィール（おもだに・まこと）

1955年鳥取県境港市生まれ。1980年東北大学大学院機械工学第二専攻修士課程修了。日本電信電話公社（現NTT）入社、横須賀電気通信研究所に勤務。1987年工学博士（東京大学）。1997年東海大学工学部光学工学科助教授。2002年東海大学工学部光・画像工学科教授。2020年4月より東京電機大学理工学部情報システムデザイン学系特任教授。日本画像学会理事（フェロー）、日本印刷学会理事、International Display Workshops（IDW）代表理事、画像電子学会フェロー、Society for Imaging Science and Technology（IS&T）フェロー。
電子ペーパー、3D表示、視覚認識等の研究に従事。
著書に「紙への挑戦　電子ペーパー」（森北出版）、「トコトンやさしい電磁気の本」（日刊工業新聞社）、「大学院活用術―理工系修士で飛躍するための60のアドバイス」（東京電機大学出版局）など

2023年版

日刊工業
新聞社が
推薦する

ココに入社したい！
理系学生
注目の優良企業

会社レポート

■機械・ロボット・自動車

■金属加工

■電機・電子・計測

■ITソリューション

■化学・素材

■建築・建設・土木

■商社

■サービス

愛知産業株式会社

理系の知識を活かす技術営業集団
――創業90年以上、安定の経営基盤

記者の目

ここに注目！

▶ 金属3Dプリンタ、ロボットなど先端技術を手がける

▶ 若手社員の技術教育に力

技術営業で顧客の悩みを解決

愛知産業は、海外の優れた産業機械を輸入して国内の製造業に販売する技術商社だ。単純に機械を売るだけでなく、システム提案からエンジニアリングまで行う。1927年に溶接の材料輸入から事業をスタートして以来、90年以上にわたり日本の製造業を支えており、現在は「金属加工に関する分野を殆ど網羅し、製造業のお手伝いをする」（井上博貴社長）隠れたオンリーワン企業だ。

日本の産業機械は、誰でも簡単に使えるよう標準化を図っていくのが一般的だが、海外の産業機械は日本より技術志向が強く"尖った機械"が多い。同社はその海外の産業機械メーカー70社以上とパートナーシップを締結している。一番古いパートナーは50年の付き合い。「現在の日本の産業機械では対応できない」「こだわりの製品で特殊な技術を必要とする」といったコアな要求に対し、スピード感を持ってソリューションを提供。商社でありながら、メーカー顔負けの総合エンジニアリング拠点を持つのも特徴だ。

同社のサービス提供の中核となるのが技術営業

代表取締役社長
井上 博貴さん

職だ。営業職というと、足を棒にして外回りをし、顧客対応に汗を流す姿を想像するが、同社の技術営業職はひと味違う。技術的な知見を活かしてクライアントの課題をヒアリング。解決策となる機械を求めて海外に出張し、値段や仕様を交渉する様は、営業にとどまらない仕事の幅があり、やりがいも大きい。井上博貴社長によると「お付き合いをする企業の担当者も理系出身の技術職の方が多いため、能弁なタイプよりも落ち着いて技術の話をしっかりできる技術営業職が好まれる」という。

愛知産業の全社員150名のうち、約40名が技術営業職だ。理系の出身者が多いが、文系の出身者もいる。技術営業職に必要な知見を備えさせるため、同社が用意しているのが「愛知産業アペレンティスシップ研修」と呼ぶ人材育成プログラムだ。技術営業部隊をまとめ上げる金安力専務は「海外メーカーの営業マンと接していて、若いのに技術的にものすごくしっかりした人材がいて驚いたことがある。その会社が導入していたのがドイツの技能伝承の仕組みであるアペレンティスシップの取り組みであり、それを当社に導入した」と経緯を語る。同研修の対象者は若手や中途入社の社員。愛知産業が持っている世界最先端の技術、金属加工技術（切削、研削、研磨、接合、積層造形など）をはじめ、技術を使いこなすノウハウやテクニックを座学と実習を交えて学んでいる。

技術営業職に必要な資質「好奇心」

技術営業職に必要な資質は何か。井上社長は「技術の興味があり、好奇心が強い人が良い」と語る。同社に持ち込まれる要望は、既存の製品・サービスで対応できない案件も多い。その要望をていねいにヒアリングし、新たな解決策を見つけるためには、さまざまな場所にアンテナを張り、自ら飛び込んでいく行動力も必要となる。

また、海外の機械を取り扱う関係上、海外出張や

営業も技術も一緒に技術を学ぶ愛知産業アペレンティスシップ研修

金属3Dプリンタなど先端のモノづくりを手がけられる

品川の本社にはカフェのような喫茶スペースも

海外の方との打ち合わせの機会も多く、外国語ができることがベターだ。仕事では主に英語を使うため、同社では社員に「語学力手当」を支給し英語学習をバックアップしている。TOEIC（国際コミュニケーション英語能力）のテストで良好な結果を残すことが支給の条件だ。「最初から語学が堪能である必要はないが、入社後は英語を学ぶのも仕事のうち」と井上社長。「AI（人工知能）やIoT（モノのインターネット化）など製造業の現場はどんどん変わっています。それをお手伝いするためには、機械だけでなくロボット操作やプログラミングの知識も必要です。さまざまなことに自ら挑戦し、マルチな才能を持つビジネスパーソンに育ってもらいたいですね」

企業のグローバル化が進み、理系と文系の垣根も低くなるなか、理系の知識にプラスして営業力や語学力を身につければ、ビジネスパーソンとして同年代に大きな差をつけられる。自らを成長させたいと考える若者に、同社は多くの成長機会を提供する。

┤ 技術営業の**若手社員**に聞く ├

多くの裁量を与えられ、スキルを伸ばせる職場

先進システム課 係長 　日比 裕基さん（2013年入社）

　大企業では一つの駒になってしまいますが、中小企業なら裁量を多く与えられ、自分のスキルを伸ばせる。そう考えて入社しました。現在は主に金属3Dプリンタの技術営業職をしています。単純にカタログを広げて商品を売るのではなく、当社では海外メーカーとの交渉やお客さまへの試作造形、据え付けからアフターフォローまで行います。当社の商品は海外メーカー製なのですが、お客さまからすると販売している我々がメーカーのように見られます。技術的な話をされ、頼りにされていると感じると、仕事の喜びを感じます。

　私の担当は30社ほどで、その半分が自分で獲得した新規の得意先です。新規開拓は展示会などを通じて金属3Dプリンタに関心を持って頂いたお客さまにアプローチしています。飛び込み営業など体力勝負の新規開拓はほとんどありません。

　最近はコロナ禍で出張が減っていますが、コロナ前は1年に3〜4回は海外に出張していました。海外が好きな人、グローバルビジネスに関心がある人、語学力を伸ばしたい人にとっては絶好の職場だと思います。

会社DATA

所　在　地：東京都品川区東大井2-6-8（本社）
設　　　立：1937年9月11日（創業：1927年12月）
代　表　者：代表取締役社長　井上 博貴
資　本　金：8600万円
従 業 員 数：150人（2021年12月現在）
事 業 内 容：産業機械および工業材料の輸入、国内販売および技術サービスの提供、自動溶接、特殊溶接装置、自動化設備の設計開発、販売、製造、機械部品試験加工、受託加工、機械装置稼働監視システム販売
U　R　L：https://www.aichi-sangyo.co.jp/

京和工業株式会社

クレーン一筋65年超の専業メーカー
──顧客のニーズに応じ一からオーダーメイドで製作

ここに注目！

▶ 重量物を扱う幅広い現場に出向いていくことができる

▶ 情報の"見える化"やマニュアル化を推進し時代を育成

倉庫や工場、研究施設、金属スクラップなどを保管する「スクラップヤード」など、さまざまなモノづくりに関わる現場で、京和工業製のクレーンは採用されている。特に、クラブトロリ式クレーンでは豊富な納入実績がある。クラブトロリ式クレーンとは、建屋の両側沿いに設けられたレール上を走行するクレーンのことで、天井式クレーンとも呼ばれる。大型の重量物を吊り上げる場面で主に使われる。同社の久保克社長は、「取引先は全国だが、数では関東や東北が多く業種はさまざま。当社の強みは少ない人数で、一生懸命に特殊な製品を手がけているところにある」と説明する。製造拠点は新潟県刈羽村の柏崎工場だ。

同社は「お客さまのニーズに合わせて、すべて一からカスタマイズでつくるオーダー品を得意としている。細かいところに気を配れるのも強み」（久保社長）。同社のようにクレーンだけを専門に扱うメーカーは数少なく、顧客へのアフターケアも手厚い。

モータや減速機は外部から調達するものの、その他のパーツは自社で加工したり、組み立てたりしている。久保社長は、「自動車に例えれば、エンジンとブレーキは買ってくるが、あとはばらばらの部品を集めてきて組み立てるイメージ」だという。

世の中に重量物がある限り無くならない仕事

クレーンメーカーは、世の中に重量物がある限り残り続ける仕事─。久保社長は、クレーン専業メーカーとして存続することに自信を持ちつつも、将来の幹部となる若手の育成を課題として挙げる。創業社長だった父から会社を引き継いだ久保社長も、60歳を超え、社員の雇用を守り事業を継続するために、新卒採用の必要性を感じている。

クレーンの寿命は40年、50年と長く、一度クレーンを納入したユーザーとの付き合いは続いていく。2年に1回検査が必要なことから、定期的に仕事も入る。ただ、「私がいる限りはメーカーとして会社を残していきたい。製造をやめてメンテナンスだけで事業を継続していくことを望んではいない」と久保社長は話し、モノづくりへのこだわりを見せる。

社内改革では現在、工場を主体にマニュアルを整備中で、ベテランから若手への技術的伝承に取り組んでいる。「かつてのように、先輩の背中を見て仕事を覚えるということではなく、業務を"見える化"する必要がある。営業においても、他の担当者が置かれた状況を情報共有しながら、効率的に仕事が進められるようにしている」（久保社長）

学業の成績よりも、仕事に向き合える誠実さが大切

同社は、「若手が自分から先輩や上司に、仕事について相談に行けば教えてもらえる。本人のやる気次第でどんどん成長していける雰囲気がある」（久保社長）という。新卒社員は入社後、数カ月の研修期間を経たのちに、上司に付いて顧客の現場を歩きながら仕事を覚えていく。その後

代表取締役社長
久保　克さん

新潟県にある柏崎工場全景

リフマグ・油圧クラブ付天井クレーン

は、特定の部署に正式配属となる。報酬については、成果を賞与に反映している。

　新卒採用について久保社長は「モノづくりに興味をもっている人であれば、専攻は問わない。職種としては第一に営業が必要で、次に設計や製造という順になる」と説明する。営業職については、一度顧客と信頼関係を築けば、取引先と長い付き合いができるところが魅力で、メンテナンスで現場に立ち会う機会もある。営業職は機械技術に関する知識が必要なため、理系社員も活躍中だ。

　会社が求める人材について久保社長は、「仕事を一生懸命にやってくれる人に来てほしい。学業の成績に自信がなくても自分の仕事と誠実に向き合える人だったら、全然問題ない」と説明し、「むしろ、学生時代に遊びの中で学んだことが、意外と仕事の役に立つということもあるかもしれない」と付け加える。「進歩は永遠、創意は無限」をスローガンに、次代を担う若手を求める。

┤ 理系出身の**若手社員**に聞く ├

据え付けたクレーンが
実際に動くシーンに感動

営業部営業課主任　桜井 悠貴さん（2010年入社）

　地元新潟の大学で機械工学を学んだ後、県内メーカーから来た求人の中から当社を志望しました。担当は技術営業ですが、クレーンは販売したら終わりという商品ではないため、現場での据え付けから検査まで手がけます。仕事の魅力はさまざまな業種の工場などを見て回れるところです。また、クレーンを据え付けた現場にメンテナンスなどで伺った際に、実際に動いているところを見ると感激します。お客さまから「いい機械を入れてくれているね」と言われたときは嬉しいですね。

 会社DATA

所　在　地：東京都江戸川区松江5-17-4
設　　　立：1956（昭31）年6月20日
代　表　者：代表取締役社長　久保　克
資　本　金：9954万円
従 業 員 数：60人
事 業 内 容：リフマグ付天井クレーン、油圧クラブ付天井クレーン、リフマグ・油圧クラブ併用式天井クレーン、橋型クレーン、その他クレーンの設計・製造・販売、据付、メンテナンス、修理・リモデリング
U　R　L：http://www.kyowa-crane.co.jp/

株式会社工進

エンジンポンプのトップメーカー
——日本のものづくりを武器に世界で戦う

ここに注目！

▶ 社員の「やってみたい」という意欲を重視

▶ 高い世界シェアを支える生産現場や技術力

工進は水田への給水や農作物への散水そして土木工事などに欠かせないエンジンポンプのトップメーカーである。農業用のほか、工業用、船舶用、家庭用など幅広い分野に製品を供給し、国内では7割、世界でも3割のシェアを誇る。近年は充電式ガーデニング作業機や発電機、除雪機など、女性にも使いやすい家庭向け商品の開発や販売にも力を入れている。

1948年に小原英一社長の祖父甚一氏が機械修理や手回し式ボール盤などの製作を始めたのが会社のスタート。2年後には工場用ドラムポンプやギアポンプの製造に乗り出している。当時、甚一氏はものづくりに当たり、まず最初に機械問屋に話を聞きに行ったそうだ。顧客が何を求めているのかを知り、性能や品質だけでなく、顧客の満足する価格で製品を提供しようとするこの姿勢は「『すべてはお客様のため』という企業ポリシーとして現在まで引き継がれている」と小原社長はいう。

小型除雪機の開発担当者は、北海道や東北に何度も足を運び、自ら手作業で雪かきも経験し、雪国で暮らす人々の苦労を身をもって知った上で、商品づくりに取り組んでいる。販売も当初は商社を通していたが、販売店との直接取引に順次切り替えており、営業担当者も販売店に足繁く通う。

ロボットやAIを導入し生産体制を強化

本社とタイ、中国に生産拠点を持ち、エンジンポンプや水中ポンプ、噴霧器など各種製品を製造している。本社工場が生産技術やシステムを確立するマザーファクトリーの役割を果たし、タイや中国でも品質の高さを追求した日本のものづくりを継承し、実践している。

1990年代後半から2000年代にかけて、円高の進行や中国など新興国の台頭を受け、国内製造業では工場の海外移転が加速した。その中で、本社工場では2008年から10年をかけて、生産体制の抜本的改革を進めた。ロボットなど省人化設備の導入や、「ジャストインタイム生産」による在庫の最小化を柱に、工場内のあらゆる無駄を見直し、コスト競争力を高めてきた。

2017年には生産ラインに3次元画像認識システムを導入し、AI（人工知能）による学習機能を活用することで、ロボットアームが自在に部品をつかみ、スピーディーに搬送や加工を進める仕組みを実現した。小原社長は「業界では例を見ない自動化設備を取り入れて、人件費の削減と品質の安定に努めている。この工場があることで世界とも戦える」と強調する。

時代のニーズに合わせた製品づくりを推進

小原社長は2019年、父で2代目社長の勉氏（現会長）からバトンを引き継ぎ、経営トップに就任した。今後もポンプで培った製品開発力や信用力を武器に「時代ニーズに合わせた新しい製品をどんどんつくっていきたい」と意欲を見せる。また、海外市場の開拓も今後の経営テーマの一つである。世界的に排ガス規制が強化される傾向があ

代表取締役社長
小原 英一さん

PBC-3650　充電式プレミアム草刈機

工場ライン風景

るため、先進国、途上国を問わずバッテリー関連の機器の販売に力を入れる。国内向けには共通のバッテリーシステムで駆動する草刈機やチェーンソー、噴霧器などを取り揃えた「スマートコーシン」シリーズに期待を寄せる。

「好きこそものの上手なれ」。普段、小原社長はこの言葉をよく使うそうだ。「エンジンを作りたい」と入社し、エンジン部門の立ち上げに関わ

り、その後中国のメーカーと共同で自社開発エンジンの製品化を実現した若手社員もいる。「この仕事をやりたいと、手を挙げた人にすべて任せるスタイルを採用している。製品開発者は企画立案から試作量産まで全プロセスに目を配らないといけないが、その分やりがいはあるはず」と小原社長。「やってみたい」という社員の意欲こそ、世界でビジネスを展開する工進の原動力である。

─┤ 理系出身の若手社員に聞く ├─

自分の頑張り次第で成長していける職場

商品開発部　辻村 一郎さん（2017年入社）

　現在、噴霧器の改良を担当しています。これまで充電式ドラムポンプや洗浄機の開発にも携わってきました。さまざまな製品に関わることで、多くの知識や技術を学ぶことができ、それを他の製品に応用することで自分の引き出しが増えていくことにやりがいを感じます。顧客の声を社内で共有しており、そこにお褒めの言葉があると今後に向けてのモチベーションにもなります。先輩や上司のサポートもあるので、自分の頑張り次第でどんどん成長していける職場環境だと思います。

会社DATA

所 在 地：京都府長岡京市神足上八ノ坪12
創 立：1948年2月
代 表 者：代表取締役社長　小原 英一
資 本 金：9800万円
従 業 員 数：260人
事 業 内 容：ポンプ、園芸機器、発電機、除雪機などの製造販売
U R L：https://www.koshin-ltd.jp/

光陽産業株式会社

ガス接続機器のトップメーカー
——国内シェア４割のニッチトップ企業

記者の目

ここに注目！

▶ **コロナ禍も影響微小、安定した経営基盤**

▶ **年間休日127日！　社員教育も充実**

創業95年、大手ガス会社が顧客

光陽産業は、室内でガスストーブやガス調理器具を使うための「ガスコンセント」や、ガス配管と給湯器やガスコンロをつなぐ「機器接続ガス栓」など家庭用ガス関連機器のトップメーカーだ。国内４割以上のシェアを持つ。

ガス関連機器は一般家庭に使用される生活インフラであり、自動車部品や機械部品と比べ需要の変動が少ない。そのため同社の業績はコロナ禍に見舞われても大きく減少しなかった。コロナ前である2019年６月期の売上高が71億円だったのに対し、2021年６月期の売上高は69億円でわずか２億円の減少にとどまった。全国のガス会社やガス関連会社を取引先に持っていることもあり、安定した収益基盤を誇っている。

同社のシェアや収益力の源泉となっているのが、創立95年の歴史で培われた高い技術力だ。家庭と直接繋がる同社の製品は重要保安部品であり、高い安全性と信頼性が求められる。発注元の厳しい要求に応え続けてきた経験が、技術力として社内に蓄積されている。知見を活かして検査機

代表取締役社長
大山 健二郎さん

や組立機も自作しており、その外販も重要な収益源になっている。

ガス接続機器は非常に長い歴史を持つ商品であり、あえて言えば、昔から変わらない商品にも思える。しかし、大山健二郎社長は「実は目立たない改良の積み重ねがある」と語る。労働人口の減少によりガス会社も人員体制が縮小しており、点検や施工が簡単にできるように製品の改良が求められている。同社は複数部品を組み合わせたユニット製品の開発や新事業の創出、工場の効率化を目的に、理系人材の採用を強化している。

家賃１万円の社宅、社内レクリエーションも充実

理系人材の採用において、同社が重要視する要素は何か。大山社長は「機械工学を学んだ人材やコンピュータープログラミングを学んだ人材は大歓迎」と語る。人柄としては、重要保安部品を扱う会社の特性だろう「お客様の要望やスケジュールを守るため、責任感を持って仕事する人にきてもらいたい」と大山社長。仕事のやりがいについては「当社は一人一人の社員が任される裁量が大きい。製品の複数工程を手がけることもあり『これを自分が作った』という達成感は強い」と語る。

安定した収益基盤により社員への福利厚生も手厚く、家賃１万円からの社宅があるほか、東京と新潟の間で転勤になったときの家賃補助もある。「当社は住宅用のガス機器を作っているので、社員が住宅を買ってくれれば自分たちの仕事も増える。社宅で家賃を浮かしてもらい、将来自宅を買って欲しいとの思いから充実した制度を作った」と大山社長は微笑む。

バーベキューやボーリング、流しそうめんなど社内イベントも活発だ。50年以上前から毎年社内募金活動をするなど、社会貢献にも力を入れている。

国内トップシェアを誇るガスコンセント

工場内は明るい雰囲気

社内レクリエーションも充実

光陽産業の将来について、大山社長は「現在70億円代の売上高を100億円に引き上げ、中小企業から中堅企業に成長したい」とビジョンを描く。高シェアを誇るガス関連機材では、ガスコンセントや機器接続ガス栓からつながる他の部品にも事業領域を拡大。水道関連機材や医療関連部品など、新分野の製品も育成していく方針だ。ニッチな分野でシェアを獲得するニッチトップ戦略を進めつつ、売上高100億円にふさわしい組織作りを進める。「機械にできることは省人化を進めるが、人にしかできない仕事は多い、今後もコンスタントに理系人材を増やしていきたい」（大山社長）

5年後の100周年を見据え、新たなる挑戦を始めた光陽産業。同社への入社はチャンスしかない。

| 理系出身の**若手社員**に聞く |

会社が研修費用を負担

機器事業部 係長 小竹 善之さん（2010年入社）

生活に密着するモノを作りたいと考え、入社しました。現在は医療関連部品の開発、新幹線のエアー用バルブや中国市場向けのガス栓の設計開発を担当しています。新規分野を開拓する部署におり、予想もしないような分野の仕事が来ることがあります。知識ゼロで開発を始めるのは難しいですが、成し遂げた時には達成感があります。

当社の特徴は社内教育がしっかりしていることです。入社後の集合研修から工場の実習、部署ごとの研修など複数用意されており、機械分野の勉強をしてこなかった人でもしっかり学べるようになっています。またCADや特許関連など仕事に関係する知識を取得する際に会社が研修費用を負担してくれるのはありがたいです。年間休日が127日と多く、プライベートも充実させやすいと思います。

会社DATA

所 在 地：東京都品川区豊町4丁目20番14号
設 立：1939年7月23日（創立は1926年6月15日）
代 表 者：代表取締役会長 大山 忠一 代表取締役社長 大山 健二郎
資 本 金：3億円
従 業 員 数：354人
事 業 内 容：都市ガス・LPG用ガス栓・バルブ・継手・接続具、その他関連部材の開発・製造・販売、車両用バルブ、一般産業用バルブ、止水栓・水栓器具、その他関連部材の開発・製造・販売、省力化システム・省力化機器の開発・設計・製造・販売、精密加工部品、OA機器、環境機器、半導体関連機器の開発・設計・製造・販売
U R L：https://www.koyosangyo.co.jp/

コスミック工業株式会社

電動リニアアクチュエータの専門メーカー
──自動化・省力化に貢献する提案型技術企業

記者の目

ここに
注目
!

▶ **自動化のニーズを追い風に用途が拡大**

▶ **幅広い業界に向けた新たな製品を開発・提案できる**

モノを押す、運ぶ、持ち上げるといった動作を機械で自動化する際、アクチュエータという機械要素が必要になる。コスミック工業は創業当初から、電動リニアアクチュエータの技術を用いて、さまざまな業界で先端のプロジェクトに触れ、自動化、省力化のニーズに応えてきた。

今から半世紀前の1970年の会社設立当時、シリンダは油圧式が主流で、電動で動くものが世の中に出回っていなかった。そこでモータの回転運動からねじを使い直線運動に変える技術としてモートルシリンダが開発された。それを基軸とし、電動によるオートメーション化ニーズを取り込みながら用途を拡大してきた。「これからの時代も新たな電動化のニーズは高まってくるだろう」(佐藤敏幸社長)という。

製鉄業界をはじめ、大手重工メーカーに対し革新的な製品を数多く送り出してきた。物流業界に対しては電動リフト(ダイナリフト)を先駆けて開発。高精度で耐久性が高く、安全性、メンテナンス性に優れた製品を製作してきた。文化施設や大規模アリーナの昇降床や可動席などでも、見えないところで力を発揮。また、精密でクリーンな

業界であるFPD、半導体、医療などにおいても専用的な製品を送り出してきた。

重要インフラである鉄道業界にも貢献

社会の重要インフラである鉄道。同社は、新幹線をはじめさまざまな車両のメンテナンス設備を製作し、安全運行を陰で支える。シーケンス制御、現地工事を含めて手がけており、一両40〜100トンにもなる車両を持ち上げる設備を設計、製作している。佐藤社長は、「当社は客先の使い方をよく理解し、さまざまな用途に合ったモノづくりをしているところを評価してもらっている」と強みを語る。

また、バブル経済の崩壊やリーマン・ショックなど大きな経済危機に見舞われてきたが、同社は幅広い業界の仕事を手がけているため、世の中の流れに対応でき、経済変動による大きな影響を受けずに事業を継続してこられた。「今後も産業構造の変化やグローバル化が進んでいくと予想しているが、そこには必ず新たな需要が生まれ、当社の活躍の場も広がっていくものと思う」(佐藤社長)と、変化を前向きにとらえる。

時代の変化をとらえ、新たな発想が持てるエンジニア

同社は、技術職として設計に従事する割合が大きいエンジニアリング系の企業だ。「若手技術職はさまざまな技術を学ぶことに加え、ユーザーが何を必要としているかを聞き取り具現化していくことで成長することができる。そこにはクリエイティブでチャレンジしていく精神は欠かせないものになる」と、佐藤社長は語る。

「新しい時代には、新しい発想を持った人材が求められる。ユーザーには営業としてではなく、エンジニア(営業技術)として対応していくこと

代表取締役社長
佐藤 敏幸さん

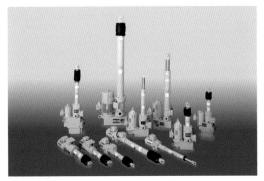
モートルシリンダ

車両昇降装置

が多い。打ち合わせをする相手はほとんどが技術者であり、さまざまな知識が求められる」（佐藤社長）。

同社はやる気があり意欲的な若手が会社を引っ張っていけるよう管理職クラスが支援する体制を整えている。評価のポイントも、「どういうチャレンジをしているかというところを見る」（佐藤社長）といい、トップダウンというよりはボトムアップ的な会社の雰囲気に変わってきているという。

佐藤社長は、「未来に向け会社は変わっていく必要がある。自動化や省力化といった新たなテーマに取り組みながら、一緒に技術を高め成長していける人を歓迎する」と話し、チャレンジ精神を持った若手を求めている。

──| 理系出身の**若手社員**に聞く |──

自分の設計した製品が世の中で活躍する喜びを実感

技術部　浅黄 大地さん（2010年入社）

愛媛大学の工学部機械工学科を卒業して入社しました。機械設計に興味があり、製品が幅広い用途で使われていると知り志望しました。入社後は半年間製造部で研修を受けた後、技術部でモートルシリンダの設計に携わり、3年前にジャッキの部門に異動。仕事はオーダーメード品をプロジェクトごとに手がけることが多いです。毎回案件が異なるため日々試行錯誤の連続ですが、その分やり甲斐も大きく自分の成長も実感できます。テレビなどで最新の工場や話題の施設を見ると、自分が設計した製品がないか探してしまいます。

会社DATA

所　在　地：広島県福山市柳津町3-4-12
設　　　立：1970（昭和45）年8月
代　表　者：代表取締役社長　佐藤 敏幸
資　本　金：4400万円
従 業 員 数：115人
事 業 内 容：電動リニアアクチュエータ、電動リフタ、専用品・システム製品などの設計、製作
U　R　L：http://www.cosmic-ind.co.jp/

株式会社コスモ技研

難易度の高い自動化・無人化の課題をロボットで解決
──サービス業の精神でユーザーの困りごとに寄り添う

ここに注目！

▶ **総合力高め、スマートファクトリー構築を支援**

▶ **社員を大切にする大家族主義のチーム力で気持ちを一つに**

世界で稼働する産業用ロボットは2019年に約272万台（国際ロボット連盟推定）。過去3年間で48％増加した。世界的に人手不足が深刻化する中、さまざまな分野で活用が広がっている。そして日本は世界有数のロボット生産国だ。2020年のロボット生産額は7664億円（日本ロボット工業会調べ、非会員含む）。世界4大メーカーの一角を占めるファナックと安川電機をはじめ、数多くのメーカーが存在し、性能や品質の高さで世界をリードしている。

ただしメーカーが出荷した状態ではロボットは使えない。そのため設置作業やプログラミングを担当し、さらにはロボットを核に最適な自動化・無人化のシステムを組み上げるロボットシステムインテグレーター（SIer）が存在している。コスモ技研はSIer業界の中でも特に難易度の高い案件でユーザーの信頼を得ている「無人化FA（工場自動化）システム」のプロフェッショナル集団だ。

リピート率はほぼ100％

同社は社員が30人と小規模だが「全員が技術者」（松下貴志社長）という少数精鋭だ。対象業

代表取締役社長
松下 貴志さん

種は化学、重工業、工作機械、航空、医療、医薬、食品と幅広い。その9割が、それぞれの業界を代表するような大手企業だ。「難易度が高い案件でもコスモなら解決してくれる」というのが顧客の定評。無人化を"売り"にする大手工作機械メーカーから「無人化」をテーマに講習を依頼されるほどだ。

例えば最大2300キログラムの重量物を搬送したり、重工業の工場で可搬質量1350キログラムのロボットで1200℃の高温に加熱した加工対象物（ワーク）をプレス機に投入するシステムを構築する。かたやモーターユニットの組み立て、極小の金属粉さえ出さないクリーン仕様による洋菓子や化粧品の箱詰めなど繊細な作業の無人化も手がける。また、さまざまな現場で需要が増えている防爆仕様のシステム、正確なロボットの駆動や検査用に必要な画像処理システムも得意としている。

製品を納めた顧客から再度注文をもらう「リピート率」はほぼ100％だ。「次回はより難易度の高い新規の内容を含む注文がほとんど」と松下社長は話す。受注も、業界で一般的な商社経由より、顧客から直接の場合が多い。いずれも顧客からの高評価の表れだ。新規顧客も「納入先のシステムを見た」、「紹介を受けた」というきっかけからの引き合いが多い。「積極的な営業活動はしていない。納入した設備が営業マン」と松下社長は自社が納めたシステムに自信を見せる。

顧客から厚い信頼を得ているのは、長年蓄積してきた高水準の技術と独自のノウハウがあるからだ。その源泉は「常に、今できることより少し難しい案件、経験のない内容、他社が断られた仕事をあえて受注する」（松下社長）という同社の姿勢にある。"無理め"の案件を引き受け、ユーザーの個々の現場に即した最適な解決策を見つけ

快適に仕事ができるよう配慮されたオフィス

一面ガラス張りで開放的な打ち合わせスペース

るために、最新の技術を学びながら受注案件に取り組む。そのため顧客が他社に断られた難易度の高い案件が同社に集まる。逆に「どこでもできる仕事、値引き競争でとる仕事は苦手」と松下社長は苦笑する。

他社では作れない一品料理の特注設備

創業は1999年。五十嵐宏一現会長が、4人の仲間と設備メーカーから独立したのが始まりだ。目指したのは「他社では作れない一品料理の特注設備」だ。「ロボットやシステムでさえ、新規の設備を受注する中で必要と判断して学んだ技術」と松下社長は説明する。

さらに松下社長は同社を「形の上では製造業だが、本質はお客さんの要望や悩みに寄り添うサービス業」と表現する。現場に即して最適な無人化をコンサルティングするばかりでなく、本来は顧客の社内で担う、設備や生産方法を企画、導入、管理する「生産技術」の業務をアウトソーシングとして代行するサービスだ。

この一環として、納めたロボットの定期点検保守のパッケージサービスも始めた。設備の故障による工場の稼働停止は顧客の大きな損失につながるが、業界ではトラブルが起こった後の緊急対応が未だに多い。故障停止の原因となりうる問題を人間ドックのように事前に発見して対処し、故障停止自体をなくす取り組みだ。

さらに"サービス業"の追求として、ロボットと周辺機器だけでなく、無人化のライン全体を提案し構築する「ラインビルダー」を志向している。「顧客はカギを差し込んで回すだけでライン全体が稼働する」という意味で「ターンキー」とも呼ばれ、ロボット活用で先行する欧州などでは

すでに普及した受注形態だ。個々の用途に最適なラインを低コストに構築しやすいが、ラインビルダーには総合力が問われる。日本ではまだラインビルダーを名乗れるSIerはまれだ。

また「IT系のシステム構築も含め上位システムとの連携までできるのが本来のラインビルダー」と松下社長は説く。プログラマーはIT系のプログラミングスキルも習得し、デジタル変革（DX）時代に合わせ、ハード・ソフト一体の最適システム構築を図っている。

一人ひとりを大切に

松下社長は同社の社風を一言で「大家族主義」と表現する。五十嵐会長が創業以来唱えてきた考えだ。社員だけでなく社員の家族も大切にする。「例えば社員の奥さんが体調を崩せばその社員はすぐ帰す。社員が少なくて大変ではあるが、周囲でカバーをするのが当たり前になっている」と松下社長は説明する。

数カ月に一度全社員で開く「座談会」も大家族主義の一環だ。昼頃から始め、食事やお酒をとりながら話し合う。全員が「会社に貢献できる私の役割」や会社外での近況を1人ずつ5分から10分程度で発表するのが恒例だ。内容は熱中している趣味やプライベートでの困りごとなどなんでもいい。気心が知れれば一緒に仕事がしやすいし、お互いの事情がわかればカバーもできる。

社員を大切にする姿勢は事務所にも表れている。個々の事務机はいずれも特注で、袖机も入れると広さは通常の2倍。パソコンのモニターも2台ずつ支給されている。椅子は人間工学に基づき、長時間座っていても疲れにくい仕様だ。社員が快適に仕事ができるよう配慮されている。事務

株式会社コスモ技研

特注の広い机と疲れにくい椅子、モニター2台を一人ひとりに支給

1日かけ全員で話し合う交流会

所の壁はホワイトボードになっていて、いつでもすぐにその場で議論ができる。

給与は年俸制だ。夏と冬のボーナスはなく、その分が月々の給与に上乗せされている。大学新卒の初年度の年収は300万円程度。それ以降は年度末の12月に社員一人ひとりが社長と面談して、いくら昇給をしてほしいかを交渉する。社長は社員が頑張った実績や売り上げに反映された成果、全体のバランスも考慮して個々の昇給額を判断する。給与水準は「中小企業レベルよりは高い。名だたる大企業レベルにあと一歩」（松下社長）という。業績が計画より上振れした時は年度末に別封も出している。2020年12月に就任した2代目の松下社長は、社員によりわかりやすい新たな賃金制度も検討している。

スマートファクトリーを志向

技術教育は現場重視だ。「現在社内にある技術より少し上に挑む」という同社にとって、現場こそ新たな学びのきっかけをつかむ場だ。システムの納入では顧客先の現場に詰めることになる仕事だが、「現場から帰って来ると見違えるように成長している」（松下社長）という。

そして技術以上に重視するのが人間教育だ。2020年からは仕事の基本方針「コスモウェイ」を共有するため毎週30分程度のディスカッションの時間を設けた。コスモウェイでは、人、物、金、情報、時間を5つの経営資源ととらえている。それぞれの要素で、企業風土に基づく人間形成、3次元CADとロボガイドの技術向上や研究ラボの有効活用、財務体質の強化、Webの充実や情報収集・情報発信の強化、スピード感を持った行動、などに取り組んでいる。ディスカッションはその一環で、「押しつけではなく、若い社員にも自分で考えて理解してもらう」（同）ためだ。例えば「コスモのファンをつくるにはどうしたらよいか」と社員に問い、みんなで考える。

松下社長は同社に求める人材の条件に3つを挙げる。とくに重視するのが「素直さ」だ。「技術者は自分の技術に自信と誇りがある。実力がつくと失いがちなのが素直さだ」と指摘する。そして「技術は日進月歩。後輩の意見にも耳を傾けられる素直さがなければ取り残される」と説く。その上で新しい技術を取り込むために「勉強好き」であることの重要さを強調する。また「プラス志向」も重視。「順調に進む開発ばかりではない。壁に当たっても『なんとかなる』と構える姿勢も必要」という。

新卒、中途とも常に募集はしており「いい人がいれば採用する」という方針だ。学生のインターンシップも受け入れている。2021年4月に入社した大学新卒社員は同社のインターンシップ経験者だった。主な職種は設計、電気制御、システムエンジニアで、電気制御とシステムエンジニアの要員については文系の学生にも門戸を開いている。

DXにより世界は変わろうとしている。製造業は、IoT（モノのインターネット）や人工知能（AI）、ビッグデータの活用といったデジタル技術とロボットを核とした無人化技術を融合した高度化・自律化工場「スマートファクトリー」を志向し始めた。同社はこのスマートファクトリーの構築で着々と実績を積み重ねている。工場内ロボットシステム全体の最適提案などを手がけ、次世代の工場のスマート化に貢献していく。

機械設計から部品発注、納入までを一括で担当

技術部　近藤 裕章さん（2019年入社）

　現在32歳です。大学で機械工学を学び、卒業後は自動車エンジンやトランスミッションの組み立てラインなどの設計に従事しました。以前の職場は超短納期の無理な仕事が多く、休みも思うようにとれず、心身ともに負担が大きすぎると感じていました。

　当社の転職案内には「最初から社長面接」とありました。興味を持ち、ホームページを見て「オフィスがきれいだな」と好印象を持ちました。面接相手は当時社長だった今の五十嵐会長です。人柄に惹かれ、「社員を大切にする」という話にも説得力がありました。

　今の仕事は、ロボットを中心とした自動化システム全体の機械設計です。上司の構想のもと、設計から部品の手配、組み立ての指示、試運転、納入まで、電気制御以外のハード部分をすべて担当します。小さい案件なら4、5人、大きい案件なら10人以上のチーム制です。

　仕事にはやりがいがあります。前職は完全分業で機械設計のみ。今は直接お客さまの喜ぶ姿を直接目にし、工夫どころを褒めてももらえます。また、多忙な業界ですが日々の生活にも時間的な余裕ができました。筋トレが趣味で、平日の就業後に週2、3回はジムに通っています。前の職場では考えられませんでした。休みもしっかりとれるようになりました。社内で誘われ、昨年釣りも始めました。先日ぎっくり腰をやった時は、自宅勤務を認めてもらえました。

　Slerとして今より一つ、二つ上の技術を常に目指すことは必要です。システム全体の最適設計ができるよう電気制御の勉強も始めました。「コスモなら難題を解決してくれる」という期待に応えられるよう日々精進していきたいと思っています。

▌会社DATA▐

所　在　地：愛知県小牧市入鹿出新田285
設　　　立：1999年11月9日
代　表　者：代表取締役社長　松下 貴志
資　本　金：6800万円
従 業 員 数：30人
事 業 内 容：「ロボットによる無人化FAシステム」
　　　　　　化学・重工業・工作機械・航空・医療・医薬・食品業界等のスマート
　　　　　　工場エンジニアリング
U　R　L：https://www.cosmo-gi.com

コトブキシーティング株式会社

安全・快適な時が流れるパブリックスペースを提供
——みんなが集い、楽しめる空間づくりに貢献

記者の目

▶ 公共施設家具を通じてさまざまな業界と携わる

▶ 芸術鑑賞など、業務に活かす目的には費用の補助制度

コトブキシーティングは、劇場・ホールや映画館、スタジアム、アリーナ、学校など、施設向けの椅子や机を製造・販売する。多くの人が集う場所に安全・快適な公共家具を提供し、誰もが等しく豊かな時間を過ごせる空間をつくってきた。創業は1914年。100年以上紡いできた歴史の長さを誇るだけでなく、常に積極的に最新技術を導入し、製品を開発する。公共の場で安全性・快適性・デザイン性を追求するシーティング技術を支える、高度な専門知識を持つ技術者志望が活躍できるステージを用意して待っている。

イノベーションを起こすために

さまざまな公共施設で、さまざまな人々が使用する椅子や関連する家具、備品の開発・設計・製造・販売・施工・メンテナンスを一貫して提供することで成長してきたコトブキシーティング。さらなる成長と飛躍に向けて重要な役割を担う戦略的な製品がある。移動観覧席だ。

機械制御で、一度に多くの椅子を安全に収納・設置でき、設置時の客席は階段状の構造になっているため、どの座席に座っても良好な視界が得ら

れる。電動式タイプは1981年に、大阪府八尾市の八尾西武百貨店八尾西武ホールに国内で初めて納入された。2021年4月から利用が始まった「沖縄アリーナ」（沖縄県沖縄市）にも最新式が導入されている。椅子というと人が腰を下ろす家具というイメージが一般的だ。しかし、公共施設の椅子のようにいくつも連結しているもの、特にリモートスイッチで稼働する電動式移動観覧席は、家具の領域を超え、装置・システムという方が適切だろう。

同社の主要な製品群である、劇場・ホールや映画館、スポーツ・教育施設などに向けた製品は、安全性と快適性、デザイン性を常に追求してきた。椅子に求められるこうした基本機能に加えて移動観覧席は、メカ機構や電気制御に関する観点でも最適性を追求する必要がある。つまり、高度な機械工学に関する知識や経験を持つ人材の力が欠かせない。

アリーナ施設は、コンサートやスポーツなどのさまざまなイベントが開催される。そのイベントの特性に応じて、観客席と演者を近づけたり、スペースが必要な場合は席数を調整したりする必要がある。施設の特性やスペースの有効活用など、目的や狙いによって柔軟な対応ができるシーティングシステムとして移動観覧席への関心が高まっている。

「スポーツでは、バスケットをはじめエンターテイメント化が進んでいます。椅子の安全性に加えて、より快適な座り心地や機能性そして、どの場所からでも平等に熱狂や興奮を感じ取れることなど、移動観覧席に求められることは高度化しています」と三木賢一取締役広報企画部長は説明する。

安全性を第一に考え、快適さや機能性を不断の研究で追求し、製品開発を続けてきた同社では、さらに革新的な製品を開発するために、専門的で正しい機械工学系の知識や興味・関心を持つ技術

取締役広報企画部長
三木 賢一さん

東京都武蔵村山市の自社工場内に組み上げた移動観覧席。
開発・設計した製品の状態や動作を細く確認する

現物を確認して設計に反映させる。
設計したモノが実物になる楽しさを実感できる

者志望の人材に期待を寄せる。

心身ともに充実し、成長できる環境

　芸術やスポーツなど、文化や娯楽を支える製品を手がける企業として、社員には、自らもその現場を知り、興味・関心を促すことで、業務に活かしてもらおうと、演劇やコンサート鑑賞、スポーツ観戦時などの費用を補助する制度もある。

　「各分野の高度な知識を持った人材を歓迎しますが、やはり根本は文化やスポーツなどに関心を持って、それらを支える一端を担うことに喜びを感じる人と一緒にやっていきたい」（三木取締役）。独自の製品や技術を持つ企業で技術者として活躍し、文化や芸術、スポーツなどに触れるチャンスもある。心身ともに充実し、成長できる環境が揃っている。

──┤ 理系出身の**若手社員**に聞く ├──

特徴的な製品のモノづくりに携わる面白さ

ロールバックチェアースタンド ビジネスユニット 設計
齋藤　浄さん（長岡技術科学大学卒業、2018年入社）

　移動観覧席の設計や改良に携わっています。主な業務は、営業担当者がお客さまである施設の担当者の方に提案する際の製品設計を行うことです。要望を踏まえた上で一歩踏み込んで従来よりも使いやすさや機能性を高めたことを盛り込んだ提案が求められるので、自ら考える姿勢が必要です。同じ部署には、デザインや電気を専門に学んできた同僚がいて、自分にない知識や考え方を知ることができることにも面白さを感じます。新しい需要に対応できる技術者を目指します。

会社DATA

所　在　地：東京都千代田区神田駿河台1-2-1
設　　　立：2010年7月（創業1914年12月）
代　表　者：代表取締役会長　深澤 重幸
　　　　　　代表取締役社長　深澤 啓子
資　本　金：1億円
従業員数：306人
事業内容：公共家具事業/文化・スポーツ・教育施設・議場向け家具の製造・販売、カプセルベッド事業/宿泊・仮眠用カプセルベッドの製造・販売ならびにこれらの輸出入
U　R　L：https://www.kotobuki-seating.co.jp/

株式会社三共製作所

高度なカム技術で自動化をかなえる
──ニッチな領域でグローバルトップ企業へ

記者の目

ここに
注目！

▶ 製造プロセスまでを見せられるソリューション提案型企業へ

▶ 米国など海外生産拠点での仕事にもチャレンジできる

　工作機械や産業用ロボットなどを構成する機械要素。中でも、運動の方向を変える役割を担う「カム」は、機械が高速かつ滑らかな動きを生み出すのに不可欠な機械要素だ。三共製作所は創業以来、80年以上磨き続けてきた高度なカム技術を基軸に、特色ある製品を提供してきた。機械的なガタがないゼロバックラッシの精密位置決めユニット「ローラドライブ」や、世界最速の送りを実現したプレス機械用送り装置「バリアックス」をはじめとするオリジナリティあふれる製品群は、自動車・医療・航空機産業など多彩なモノづくり現場を支えるコンポーネントとして広く浸透している。

世界最大規模のカム専用工場

　カム機構は紀元前から人類が活用してきた技術とされ、同社のローラドライブに用いられる機構もレオナルド・ダ・ヴィンチが500年以上前にすでにスケッチに描いていた。「当社のコア技術はいわば古くて新しいもの。その長い歴史が示す通り、ITの時代でも決してなくなることはない技術だ」と小川廣海会長兼社長は話す。

　同社のマザー工場である静岡工場（静岡県菊川市）は、東京ドーム4個分の規模を誇る世界最大規模のカム専用工場。広大な敷地には、一般的な工場のイメージとはかけ離れた緑豊かな自然が広がる。

　静岡工場の入り口に掲げられている「自動化技術サービス」の文言の通り、企業の使命として「顧客の自動化・省力化をかなえる」（小川会長）ことを掲げ、近年は機器単体を提供する企業から脱皮し、自社製品を用いた製造プロセスまでを見せるソリューション提案型企業へと舵取りを進めている。実際、静岡工場敷地内に置かれたグループ会社の生産拠点では、プラスチックごみによる海洋汚染などの環境問題の観点から欧州などで注

代表取締役会長兼社長
小川 廣海さん

目が高まるアルミ飲料缶の製造プロセスをグローバルに展開するという理念のもと、世界各国の顧客に飲料缶を作るためのさまざまな設備を提供できる体制を整えている。

　米国や中国、ベトナムなど広く海外にも生産拠点を展開する。「海外の成長を日本の成長に取り込みたい。当然、本人の希望にもよるが、大局的には海外展開していく企業なので入社する人には大いにチャレンジしてほしい」と小川会長は話す。

顧客との関わりの中で成長

　新人に求めるのは「よどみなく1つのことをや

Variax モータコアスタンピングライン

り続けられる粘り強さ」（小川会長）だ。特に技術系の職種では、製品のアイデアを具現化するための広い見聞や知識も必要で、高いアンテナを張り、感性を磨くことの重要性を説く。三共製作所の仕事の醍醐味について、小川会長は「価値共創は顧客の懐の中」と断言する。「その中でのみ人は成長できる。『こんなものがほしかった』という顧客の満足が、自身のやりがいにもつながる」（小川会長）

2017年からは、京セラ創業者の稲盛和夫名誉会長が提唱する「アメーバ経営」を導入。実際に京セラからの指導を受けながら、全社員が自部門の利益を意識しながら、経営者の視点で業務に取り組む体制を目指している。

同社の製品市場は決して大きくはない。しかし、大きな市場は競合も多く、世界展開を考える上では中国・韓国企業を含めた価格競争に陥りやすい面もある。同社はニッチ（隙間）市場にいることを逆に強みとし、新たな獲得戦力に期待を寄せつつ、今後も「ニッチな領域の中でトップに立てるグローバル企業を目指す」（同）と意気込む。

| 理系出身の**若手社員**に聞く |

やりたいことにチャレンジできることを実感

開発本部開発部商品開発2課マネージャー　髙栁 幸介さん
（日本大学生産工学部電気電子工学科卒業、2005年入社）

現在、溶接機向けの位置決め装置の設計・開発を行っています。入社5年目にちょうど行きたいと思っていた米国オハイオ州の工場へ技術者として転勤することになり、そこで4年間勤めました。技術面、営業面の対応をする人材として現地で揉まれ、時にはメキシコやアルゼンチンなど南米の顧客先に赴き現地対応も行いました。技術面以外にもさまざまな業務を経験したことで、渡米前に比べて視野が広がり、顧客の立場で設計ができるようになれたと思います。やりたいことにチャレンジさせてもらえる会社だと実感しています。

世の中に自分の手で作ったものを残せる仕事

開発本部開発部商品開発1課　佐藤 倫尋さん
（東北職業能力開発大学校生産電子システム技術科卒業、2009年入社）

カム1つで多彩な動きが生み出せるのを目の当たりにして、衝撃を受けたのが入社のきっかけです。今はプレス材料送り装置「バリアックス」を、顧客の要望に応じた仕様で設計・開発する仕事に携わっています。入社4年目ごろに自社製品を組み合わせた大型の送り装置を製造する仕事を経験しました。組み立てや部品管理など他部門と緊密に協調し、皆の協力を得ながら装置を完成させたことが、達成感を強く感じた瞬間でした。世の中に自分の手で作ったものを残したいと思う人にはやりがいが感じられる職場ですね。

会社DATA

所　在　地：東京都北区田端新町3-37-3
設　　　立：1951年5月
代　表　者：代表取締役会長兼社長　小川 廣海
資　本　金：33億8600万円（グループ）
従 業 員 数：711名（グループ）
事 業 内 容：生産設備向け各種自動化装置、産業用各種自動機械、自動車業界向け
　　　　　　加工設備機器、工作機械用搭載機器の開発・製造・販売
U　R　L：https://www.sankyo-seisakusho.co.jp/

株式会社ソーゴ

22年連続黒字の大手パネルメーカー
──食品から半導体まで、製品の品質を守る「影の立役者」

記者の目

ここに注目!

▶ 「お互いさま＝ソーゴ（相互）」で社会とつながる誠実な社風

▶ 「仕事の失敗は、仕事で取り返せ」──他人に積極的に学び、恐れずにチャレンジ

ウレタンなどの発泡材を、鉄板で両側からサンドイッチのように挟んだ断熱パネル。全国のコンビニエンスストアのジュースケース（扉式冷蔵庫）に使われている、断熱パネルの製造で国内3強の一つに数えられるメーカーがソーゴだ。

ソーゴのパネルは熱を伝えにくく、組み合わせることで建物の中に気密性の高い空間を短い工期で容易に作ることができる。このため、食品工場、物流倉庫の低温室・冷凍室、半導体工場のクリーンルームなどにも欠かせない。食の安全や先端産業の品質を守る「影の立役者」だ。

強みは人柄を応援する社風

1968年設立のソーゴは、断熱パネル業界では比較的若い会社だ。急成長した背景には2つの強みがある。

第一は高い信頼性。冷凍機部品の商社として出発したため、営業担当者も技術的な知識を持っており、幅広い提案ができる。そしてそれを支えるのが、パネルの開発・設計から製造・施工まで、顧客の多様な要望に対応できる体制だ。冬のシベリアに匹敵する低温空間、山手線の内側に小さな

ビーズが1粒あるのと同水準の清浄空間など、顧客が要求するさまざまな「空間」を創ることがソーゴの仕事だ。

第二は拠点の多さ。全国に6つの製造工場と19の営業拠点を持つのは業界でも同社だけだ。顧客との距離を縮めてきめ細かなサービスやコストダウンを実現し、市場拡大の追い風を味方に、22年連続で経常黒字を達成した。

これらの強みの根本には、"人間的"なソーゴの社風がある。顧客のために何ができるかを最優先で考え、他部署の依頼に柔軟に応えようと行動する社員が多い。社名の由来「相互（お互いさま）」の精神が浸透しているのだ。

佐藤重雄社長は「相互とは、自分がされて嫌なことは他の人にもしないこと」と言い、社員も「チャレンジさせてくれる雰囲気がある。責任範囲が広く、のびのびやれる」と話す。

パネル空間はオーダーメイド品のため、ベテランでも仕事上の壁にぶつかることがある。だが、社員全員が「失敗を恐れるな、仕事の失敗は、仕事で取り返せ」の社訓を胸に前向きに取り組む。挑戦した結果としての失敗は許し、誤りをごまかさない姿勢や、挽回のための取り組みを評価する企業風土が成長の原動力だ。

達成感を感じられる設計職

ソーゴの設計職は、パネルや扉の設計図や、営業が顧客と打ち合わせする際などに必要な図面を描く。他にも技術的な問い合わせへの対応や、新製品・技術の企画など、仕事内容は幅広い。必要となる知識は研修と実地でしっかり教え、5年くらいのゆっくりとした長い目で各人の成長を見守る。

製品の作り方や設計の基礎、CADソフトの動かし方など、学ぶ事柄は多いが、研修は個々のペースに合わせ、段階を踏んで行っていくため心配は

代表取締役
佐藤 重雄さん

コンビニの飲料用冷蔵庫に使われているパネルも、
ソーゴの技術を詰め込んだ製品

ソーゴのクリーンルーム

ない。建築士など資格取得の支援制度もある。

　同社の設計職の魅力は、社会に貢献できるオーダーメイドの製品を設計でき、それが形になること。例えばスーパーの配送センターの心臓部であるセントラルキッチンの設計では、野球のグラウンドほどの広さの空間に、冷凍冷蔵庫や低温作業室、クリーンルームなどを配置し図面にしていく。パネルをどう組み合わせて部屋を作るか、扉にどんな機能を持たせるか。ロジックと感性を総動員しつつ、営業や顧客と一緒になってゼロから作り上げるのが醍醐味だ。

　完成した冷凍冷蔵庫やクリーンルームを目にすれば、さらに大きな達成感を感じることができる。

　今後は市場シェアをさらに1〜2割引き上げるため、大手顧客を中心に取引の拡大を目指す。研究開発も「将来の投資」と考え、基礎データを収集したり、一定の条件下で製品がどう変化するかを調べるための『ラボ・ファクトリー』も完備した。

　また、"環境"を中心に据えて、産業廃棄物の循環を見直すなどSDGs（持続可能な開発目標）の達成にも取り組む。

　佐藤社長は「技術的な部分を補ってもらい、社会に安心できる良いものを届けたい」と話し、応募を待っている。ソーゴでは、自分の成長が会社の成長につながっていると実感できるはずだ。

──┤ 理系出身の**若手社員**に聞く ├──

世の中で自社製品が役立っており、
やりがいを感じています

工場設計課 長谷川 優希さん（日本大学工学部卒業、2018年入社）

　営業がお客様との打ち合わせなどで使う、承認図という図面を作っています。就職活動をする中で、設計の仕事に興味を持ったこと、ソーゴがコンビニの冷蔵庫を作っていると知り、私自身もコンビニでバイト経験があったため親しみを感じたことなどが入社の理由です。

　大学の専攻は設計とは異なる分野でしたが、先輩に丁寧に教えていただいたので不安を感じることはありませんでした。ソーゴの製品は大手企業や友人が勤めている企業で使われており、仕事にやりがいを感じます。今後は、もっと大規模な案件や複雑な仕様を求められる図面に挑戦したいです。皆が助けてくれるので心配しなくて大丈夫。とにかく何でも質問して、スキルアップしていくことをお勧めします。

会社DATA

所　在　地：新潟市北区白勢町字上大曲69-14
　　　　　　工場（全国6工場）、支店・営業所（全国19カ所）
設　　　立：1968年9月
代　表　者：代表取締役　佐藤　重雄
資　本　金：9880万円
従 業 員 数：232名（2020年3月）
事 業 内 容：冷凍冷蔵設備・クリーンルーム用間仕切パネルの製造・施工
U　R　L：http://www.sg-sogo.co.jp/

テイ・エス テック株式会社

「座る」技術を追求したシート製品群を展開
──部門の垣根を越えて社員が交わり、知恵を結集

記者の目

▶ 自動車・二輪車の安全・安心を支える製品をグローバルに供給

▶ 完成車メーカーに引けを取らない、最新の開発・製造設備を導入

常に先を見据えた研究開発

二輪車用シートや四輪車用シート、ドアトリムなどの開発と設計、製造、販売を一貫して手がけるテイ・エス テック。四輪車向けでは、ホンダが世界で生産する自動車の約6割にシートを供給している。二輪車向けではホンダ、スズキ、ヤマハ、川崎重工業ら国内大手の全メーカーにシートを供給し、国内シェアのトップを誇る。ハーレーダビッドソンやフォルクスワーゲンなど海外メーカーの製品も手がけ、グローバルで事業を展開する部品サプライヤーだ。一方で、主力製品のシートで培ったノウハウをもとに、医療用チェアやさまざまな場面で使用されることを想定した「座る」に関する製品を提供し、顧客と事業分野を広げている。

シートはユーザーが直接触れる製品であり、安全性やデザイン性、また快適性など妥協は許されない。開発から製造に至るさまざまな工程で、最新技術を積極的に導入してきたことが、国内外の大手メーカーから信頼を寄せられる同社の製品供給を可能にした。例えば、安全評価解析に関しては、2004年に「ダイナミックスレッド試験機」を

取締役 開発・技術本部長
小堀 隆弘さん

日本で最初に導入。国内に2台、北米に1台を保有する。人体ダミーを使用して衝突時の衝撃を正確に再現し、このデータをシミュレーション解析（CAE）することで、より高度な安全性を追求する。製品の強度や座り心地、しわの発生といった素材特性、内装照明の光り方などもCAEを活用し、開発の精度向上と短期化に取り組んでいる。

他にも、乗車時の揺れを忠実に再現する6軸加振機やモーターの稼働音質を正確に測定するための半音響室などを保有し、細部にわたるさまざまな項目を検証。外観品質や耐久性向上、軽量化を目指した素材研究も行い、常に「今を超える」"安全性と快適さ"を実現する製品開発を進めている。

また、より安定した品質とより効率的な生産体制を実現するため、金型製作や自動化など、製造技術の開発にも積極的に取り組んでいる。製造技術を蓄積し、開発から量産に至るさまざまな工程でリードタイムの短縮を図っていることが、製品をより安く提供する同社の競争力の源泉になっている。

アイデアの創出に向け、部門横断で知恵を結集

テイ・エス テックは、開発・技術、営業、購買、品質管理など機能別組織制でありながら、製品開発やプロジェクトなどを部門横断で効率的に進める体制を敷く。最新の技術を積極的に導入し、高機能な製品の開発と効率の良い生産体制を構築するとともに、機能別組織と部門横断の良さを生かしながら会社の将来を担う人材育成にも戦略的に取り組んでいる。

開発・技術本部長の小堀隆弘取締役は、「当社は"人材重視"を企業理念として掲げています。部門横断型で仕事を進めることで、多様な考えに触れ、社内のネットワークが広がり、経験を積み、成長しています」と説明する。階層別研修や選抜研修などの制度に加え、OJTを通じた独自の仕組みでも社員のリーダシップや仕事への意欲を引き出す。

第46回東京モーターショー2019に参考出品した次世代の車室空間「INNOVAGE」（イノヴェージ）

ダイナミックスレッド試験機での試験前準備

そうした仕組みの1つに、さまざまな部署から社員が集まって「座る」を哲学し、研究する取り組みがある。営業や製造など異職種の社員が交流し、さまざまな専門知識や経験を結集させ、常識にとらわれないアイデア創出を目指す。アイデアの製品化に向けて、開発部門とも連携して研究を行う。その一部を具現化し、東京モーターショーに展示するなど、将来につながる技術を生み出している。

また、同社では、地域の子どもたちへの教育や啓発に関する活動にも積極的に関わっている。そうした場に社員が参加することで、思わぬ才能や適性が見つかることもあったと小堀取締役は語る。「社員が日常業務とは違う環境に身を置き、人と接することで意外な才能を発揮することがあります。良いところを積極的に見つけて、チャレンジを促して輝かせたい」（小堀取締役）

若手社員の育成方針については、「製品開発をしていると、うまくいくこともあればいかないこともある。失敗が悪いのではなく、困難に対してどのようにアプローチして、製品化に導いていくか。その場しのぎではなく、本質を見抜ける社員を育てたい」と小堀取締役は説明する。多様な人材とその良さを認め、背中を押すことで成長を実感できるように、マネジメント層も知恵を絞り続けている。

│ 理系出身の**若手社員**に聞く ├

業務外活動の後押しで視野が広がる

開発・技術本部開発試験部実験・研究課二係
首都大学東京（現・東京都立大学）大学院理工学研究科機械工学専攻　修了
宋　迪さん（2017年入社、入社5年目）

　自動車用シートは安全性と快適性を追求することが命題です。それらを高いレベルで両立させることは難しいですが、その分やりがいを感じます。当社はシート製品の開発・製造にとどまらず、シートの新たな用途を考えようとするマインドがあります。これまでの印象的な経験として、大学など研究機関の人が参加する「シートの新しい用途」を考えるワークショップに参加する機会がありました。業務と少しでも共通点があれば、さまざまな活動への参加を後押ししてくれるのが当社の魅力です。

会社DATA

所 在 地：埼玉県朝霞市栄町3-7-27
設　　立：1960年12月
代 表 者：代表取締役社長　保田 真成
資 本 金：47億円
従 業 員 数：（単独）1738名、（連結）1万5444名（2021年3月）
事 業 内 容：四輪車用シート、四輪車車内装品、二輪車用シート、二輪車用樹脂部品などの製造販売
U　R　L：https://www.tstech.co.jp/

中日本炉工業株式会社

技術を追求する工業炉専門メーカー
——ロングセラーを生んだ多彩な熱処理技術

記者の目

ここに注目！

▶ 前向きな失敗は歓迎、技術開発にチャレンジ精神を発揮

▶ 新人研修は6カ月、資格取得は会社負担

高品質を実現する次世代炉を開発

中日本炉工業は、鋼材に熱を加えて加工する工業炉をフルオーダーメードで製造しており、顧客の要望に多彩な技術で対応している。1974年に開発した加圧冷却方式の真空炉は発売以来、国内外で高い評価を獲得。「NVFシリーズ」として小型から大型までをラインアップし、焼き入れ、焼き戻し処理や真空ろう付けなど幅広い熱処理用途でロングセラーを続けている。受注する工業炉のすべてが特注品といえるだけに、後藤峰男社長は「常に挑戦する気持ちで技術の開発に努力してきた」と自負する。こうした姿勢が「前向きな失敗は歓迎」というチャレンジ精神を育み、会社全体に浸透している。本社には熱処理工場を持ち、自社製炉を使って熱処理の受託加工を行っており、自ら実践し、蓄積した加工技術、ノウハウを工業炉製造にフィードバックしている。

次世代自動車やロボットの普及など技術革新に伴い、材料や製品を加工、処理する工業炉に対するニーズは多様化、高度化している。従来以上に高品質な熱処理の実現を目指した技術開発から生まれたのが、次世代工業炉といえるアクティブスクリーンプラズマ（ASP）窒化装置だ。

プラズマを用いた窒化処理は、焼き入れに比べて比較的低温（約500℃）で処理し、材料の熱変形が少ないといった特徴を持つ。ASP窒化装置ではスクリーンを介してプラズマを発生させる方式とし、窒化性能の制御性に優れ、プラズマを用いた窒化処理で課題とされていた材料の表面荒れ、窒化ムラを抑えることができる。高品質な熱処理技術として、名古屋市と名古屋産業振興公社が制定する「工業技術グランプリ」で2020年度に同公社理事長賞を受賞するなど評価を得ている。さらに、将来のカーボンニュートラル（温室効果ガス排出量実質ゼロ）達成への貢献でも期待されている。

社員が意見を出し合い改善提案

顧客の要望に柔軟に応えながら作り込む工業炉は、従来にない構造だったり、時に世界初の試みだったりと創造性に富むモノづくりといえる。後藤社長は「こうした製品づくりを支えているのは従業員一人ひとりの力だ」という。各自が職場で十分に能力を発揮できるための支援を惜しまず、特に、新人研修には約6カ月以上をかけており、2カ月の外部機関研修など、さまざまな経験を積みながら成長を促している。仕事に役立つ資格取得も奨励しており、費用は全額会社負担だ。また、社員同士で仕事のやり方や設備の操作方法などを学び合う勉強会「5分間道場」は、当初の製造現場から設計部門へと広がり、仕事を学ぶ場であると同時に、上司部下・先輩後輩のコミュニケーションの場ともなっている。

各職場では社員からの改善提案が活発で、ベテラン、若手を問わず、気軽に意見を出し合い、改善に取り組んでいる。これまでに工場で空調設備

代表取締役社長
後藤 峰男さん

顧客の要望に柔軟に対応して作り込む

職場づくりに社員の意見を取り入れている

を整えたほか、設計部門では5年前から社員の意見を取り入れて自動昇降デスクを導入し、快適な職場環境づくりに全社一体で取り組んでいる。健康経営の実践を通じて生産性向上を図るにあたり、後藤社長は「社員にはもっと声を出してほしい」と新しい視点で会社の風土を変えていく考えだ。

現在はデジタル変革（DX）を推進し、全社的な業務の効率化を加速している。熟練工のノウハウをデータベース化した熱処理レシピ生成システム「DiMA」では「令和2年度情報化促進貢献個人等表彰　経済産業大臣賞」を受賞するなど、得意のITでモノづくりの進化に挑んでいる。また、効率化による長時間労働削減への取り組みが認められ愛知労働局からベストプラクティス企業に選ばれている。モノづくりと同様、人材育成や業務改善にもチャレンジ精神を発揮している。

──┤ 理系出身の**若手社員**に聞く ├──

熱流体解析で設計の課題に立ち向かう

生産本部設計技術部

宮野 修輔さん（2018年度入社）

　設計部門で熱流体解析を担当しています。数値解析シミュレーションソフトを使って不具合の原因を探ったり、工業炉の新規製作や改造に関わる検証をしたり、さまざまな課題に取り組んでいます。

　若手でもプロジェクトを提案できるなどチャレンジしやすい環境は魅力の一つです。例として、社内で3次元（3D）プリンター導入の話があった際、解析実験用の模型作成にも活用したいと思い、皆と一緒に提案し、認めてもらいました。資格取得支援や社内勉強会など学ぶ機会も多く、さらにレベルアップに励んでいきたいです。

会社DATA

所　在　地：愛知県あま市木折八畝割8
設　　　立：1965（昭40）年1月
代　表　者：代表取締役社長　後藤 峰男
資　本　金：2000万円
従 業 員 数：113名
事 業 内 容：真空炉、電気炉、焼成炉および付帯機械設備、燃焼設備、制御装置の
　　　　　　設計、製作、施工、金属熱処理およびCVDコーティングの受託加工
U　R　L：https://nakanihon-ro.co.jp/

長野オートメーション株式会社

生産ラインの効率化・省人化にチャレンジ
——生産ラインの自動化システム開発メーカーとして製造現場を30年以上支える実績

記者の目

▶ 世界的なEVシフトでリチウムイオン電池の生産ライン能力拡大が急務

▶ 生産ラインを持つすべての企業が潜在顧客。自社で機械設計・制御設計・部品加工・配線・組立設計・組立・設置まで一貫生産できる技術力を保有している

EV化の波に乗り生産設備を増強する
お客様を支える

長野オートメーションは、製造業生産工場の自動化システム開発メーカーとして、オーダーメードの自動化生産ラインの設計/製作を手がける。長野県小県郡東部町（現東御市）で1981年に創業し、2002年には中国に現地法人を設立するなどグローバル経営を展開する。自動化システムを手掛ける業界は多岐に渡るが、現在は自動車業界[電気自動車（EV）やハイブリッド自動車（HEV）に搭載されるリチウムイオン電池]、電池業界の引き合いが多い。目の前の顧客と顔を合わせながら、顧客の要望を把握し、要望以上の成果を上げることで、受注は増加傾向にある。事業規模や業種にはとらわれず「生産ラインを持つすべての企業が顧客になる」（山浦研弥社長）と語る。

同社は、様々な業界の自動化生産ラインの設計/製作の知見を持つエンジニアが社員の8割を占め、各業界のものづくり工程のシステム開発で培った知見を目の前のお客様の装置製作に活かすサイクルを常に回しながら事業を拡大している。

同社は生産ラインの設計から組立を自社で一貫して手がけることで、エンジニアにその知見が蓄積されている。その多様な知見は先輩から後輩に引き継がれ、他社との差別化につながっている。エンジニアの育成は、技術教育が中心になる傾向が強いが、同社では技術教育と同じくらい人間力向上教育も徹底している。一つの装置を完成させるには、全ての部署がお互いに連携しなければならない。そのため、コミュニケーションの円滑化が最優先と考え、研修後も先輩が後輩に積極的に声をかけ、ある部署が多忙なときは、他部署からも応援に駆けつけるほど社員同士の結束力は強い。

同社が得意とするEV関連は今後も成長が見込まれる。欧州委員会は2035年にハイブリッドを含むガソリン車の販売を禁止する方針を発表。国内でもゼロエミッションを掲げ、脱ガソリンに向けた政策が進展する。このため、自動車メーカー大手では電動化目標の引き上げや前倒しの表明が相次ぐ。自動車業界は電動化に向けた生産ラインの構築が求められている。この流れから、同社はEV電池生産機械の需要増を見込み本社敷地内で新たな製造棟「第6工場」を建設し、延べ床面積は8000平方メートルに拡大。機械設計と電気設計の両部門をワンフロアに集約した。新棟の建設

代表取締役社長
山浦 研弥さん

開放感のある設計室、一人ひとりのスペースを確保

研修では細かな作業を直接、熟練工が指導する

部品製作から設計、組み立て、稼働まで一貫で手がける

で、EV電池製造設備の生産能力は倍増した。

　デジタル改革（DX）に伴い、携帯電話やパソコン、タブレットなど身の回りで使用する家電は増えるばかりだ。新型コロナウイルス感染症が広がり、テレワークやオンライン会議などデジタル化の波も広がる。リチウムイオン電池などの二次電池利用も進む。電池製造は高い技術が要求されるが、同社は一貫した生産ライン一式をパッケージ化できる。さらに、電解液注液や電極板積層などの中核設備は自社で製造する強みがある。

　生産ラインの自動化は多くの企業が取り組む共通の課題だ。同社は自動車業界にとどまらず、プリンターやフィルムなど幅広い業界からの引き合いを受ける。会社ごとに取り組む製品や仕様は変化する。一品一様の装置づくりの業界トップを目指すために、人材の育成にも力を入れる。多様な生産ラインを手がけるには豊富なノウハウが求められる。同社はお客様に自動生産ラインを導入することが目的ではなく、安全で効率性の高い生産現場をお客様に提供することに注力している。このため、営業・機械設計・制御設計・組立の各部署の社員が頻繁に現地に足を運んでいる。目の前のお客様の要望に120％で応えることで生産技術を磨き上げてきた。さらに、新型コロナウイルス感染防止対策として省人化も推進しており、「取引先

の生産ラインへの投資意欲の高まりから、引き合いは増すばかりだ」（山浦社長）と語り、世界的なEVへのシフトや、国内の人手不足に伴う省力化や効率性を追求する生産システムの需要に応える。

離職率の低さでアイデアを蓄積

　取引先の要望は多種多様で、オーダーメードの生産ラインを設計、製作するため、多方面に対する知識の蓄積が求められる。同社は37年間の知見からアイデアを絞り、顧客の要求以上の成果を上げ、事業を拡大させてきた。背景にあるのは離職率の低さだ。定年退職を除き、離職率は1％以下にとどまる。離職率の低さはエンジニアの育成という点においては最大の武器となる。会社が一丸となって新人の育成に当たることで、新入社員の離職者もほとんどいない。さらに、中途採用にも積極的で事業拡大の加速にもつながっている。

　ここ1〜2年は、コロナの影響による、足元の業績は少し停滞しているが、10年先を見据えて新しい業界への挑戦を続けている。また、生産ラインの設計・製作する企業と協業し、新しい技術開発にも乗り出している。山浦社長は「これまで自動車業界からの顧客が多かったが、医療や食品業界などからも引き合いが増えている」と述べ、今後も順調な企業成長を期待する。

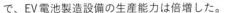

会社DATA

所　在　地：長野県上田市下丸子401
設　　　立：1982年10月1日
代表者氏名：代表取締役社長　山浦 研弥
資　本　金　等：1億3500万円
従　業　員　数：171名
事　業　内　容：製造業生産工場の自動化システム開発メーカー
会　社　U R L：https://www.nagano-automation.co.jp/

長野オートメーション株式会社

挑戦こそが真理！一度きりの人生だから

赤岡 俊亮さん（信州大学卒業、2012年入社）

　私は機械系の学部を出て、今の会社の門をたたきました。入社理由は面白そうだったから。現在は工場の自動化を図る「ファクトリーオートメーション」に使われる自動化装置の根幹となる機械設計を手がけています。

　業務では材料力学や熱力学、流体力学、機械力学が活躍します。学生時代に学んだ力学の応用系がここにあります。決められたことをやって終わりではない。常に新しいテーマに、従来よりもブラッシュアップされた工法を考え、挑戦することが求められます。はっきり言って大変です。ただ、私の友人がつぶやいていた言葉が脳裏に残っています。「大変な仕事こそ、稼げる。大変じゃないと稼げない」これはある意味真理です。就活生の皆さんには、「この仕事は簡単ではありません。難しいことに悩む方が多いかもしれません。けれど、せっかく一度きりの人生、挑戦してみませんか」と伝えたいと思います。

様々なテーマを切り開く装置の魅力

柏原 諒太さん（長野工業高等専門学校卒、2015年入社）

　効率的な生産設備にするための電気回路図を設計し、その後、制御プログラムを作成、そして、正常に動作するまでの工程を手がけています。自分で作り上げたプログラムがロボットを動かし、そのロボットが製品を組み上げる。難しさはありますが、完成した時の喜びは大きいです。

　学生時代は電子工作が好きで、基板設計ができる会社を選びましたが、仕事をこなしていくなかで、生産設備などに使われるプログラマブルロジックコントローラ（PLC）に出会いました。プログラムと聞くと、データが計算されるだけで仮想的なイメージが強いです。例えばゲームではキャラクターがテレビ画面の向こう側で動いています。それに対し、当社で行うプログラムによりロボット、エアシリンダ、モータなどの実物が目の前で動きます。当社に入社したのは、そのような動作が目に見える仕事に携わりたいと思ったからです。更には、一つの装置を繰り返し製作するのではなく、多様なお客様向けに異なる装置を納めるという、日々新たな仕事に出会えることも当社の魅力です。

採用担当者より：

　当社は、機械が大好きなメンバーが集まった会社です。
　所属部門の垣根を越えて、同じ装置の設計・製作担当者となればワンチームとなり、どんなに難しいテーマを実現する装置であっても、絶対に諦めず、装置を完成させます。なぜか。装置が

お客様への貢献を実感できる仕事

永沢 潤一さん（公立諏訪東京理科大学卒、2006年入社）

　私が所属する製造技術部は装置の最終仕上げをする部門になります。加工チームと組立チームがあり、設計技術部が描いた図面を基に加工部品の製作や組立、配線、調整、設置を行います。私は入社後9年間加工チームに所属しました。前職から金属加工に携わっていましたが、次第に装置の組立に興味を抱き、現在は組立チームで働いています。一つの装置が出来上がるまでには、様々な部門のメンバーが関わりますが、装置の完成までの道のりは皆の試行錯誤の結晶です。ロボットなどを用いた機械のカラクリを調整し、正しく動作させ、初めて装置は完成します。

　また、その装置に関わるお客様と接していく中で、当社の装置で製作された商品がどのような用途であるかを聞き、その後、その商品がテレビのニュースや新聞に取り上げられた時の感動はこの上ありません。装置完成までの難しさはありますが、やりがいにあふれる仕事です。

部品一つからこだわりぬく技術力

製造技術部　白鳥 貴司さん（長野工科短期大学、2010年入社）

　私は工業系の専門学校で学んだ加工機の知識を生かして部品加工をしたいと思い、当社を選びました。入社後は、製造技術部の加工チームに配属され、フライス加工の基礎を修得し、その後、マシニングセンタを任され日々精進しています。

　当社の強みは、ゼロから顧客のニーズを汲み取り、期待を裏切らない自動化装置を設計・製作できることです。そのなかで私が所属する製造技術部の役割は、装置図面を基に装置を完成させることで、私の担当は装置に使われる部品を製作することです。社内にある加工機を活かして、必要な部品をすぐに加工することで、装置組立の担当メンバーから「装置納期に間に合ったよ！」「装置うまく成功したよ！」と言われると喜びを感じます。それがお客様の要望に応えているだと実感もできます。また加工方法について、どうすれば短時間で高精度の加工が終われるかを考えるのも部品加工の醍醐味です。このように同僚と相談し、課題解決できたときの達成感がこの仕事の魅力です。

完成した時のお客様の喜ぶ顔が見たいからです。
　ファクトリーオートメーションが必須となっているものづくりにおいて、私たちの会社が製作する生産ラインはものづくり企業のための源泉といえます。
　私達と一緒に更なる飛躍を目指し、世界のものづくりに貢献しましょう。

日立笠戸重工業協業組合

プラント機器の製造でモノづくりを支える
──創業以来の基盤技術にIT技術を融合

記者の目

▶ 日立製作所で培った技術力に自信

▶ 若い技術者が夢を実現できる職場を提供

　日立笠戸重工業協業組合（HJK）は、石油・化学・発電プラントで使用される蒸留塔や熱交換器、脱気装置など各種機械装置を製造する。一般の目に触れる機会は少ないが、設立以来一貫して日本のモノづくりを支え続けている。

　HJKはおだやかな瀬戸内海に面した山口県防府市に立地する。日立製作所笠戸工場（現笠戸事業所）の化学製造部門が1970年にプラントの主要機器や、化学装置および運搬機の設計・製作を行う目的で、協力会社8社協業という形式で設立した。その後1973年には山口県の助成を得て現在の防府工場を建設、第一種圧力容器の製造を始めた。翌1974年末には製缶組立工場の増設や機械工場を新設するなど、日立製作所の支援の下で着々と業容を拡大した。現在は各種プラントの塔や槽、反応器、熱交換器、鋼構造物などを生産している。

10年先の危機を回避

　相本英樹専務理事は同社の強みを「日立の技術力」と言い切る。設立当初は従業員の半数が日立笠戸工場からの出向者で、その後も技能を伝承してきた自負がある。また大型装置は同笠戸工場、

専務理事
相本 英樹さん

　直径6メートル以下、長さ100メートル以下の中・小型品は同社と棲み分けを進めたことで分業体制も明確化できた。「溶接や切断などの技術には特に自信を持っており、顧客からの信頼も厚い」と胸を張る。また隣接した三田尻中関港を使用することで、陸上輸送せずに製品を出荷できる点も同社の特徴の一つと言える。

　高い技術を持つ同社だが、相本専務理事は「10年先、20年先に事業がどうなっているかは誰にも分からない」と危機感を募らせる。最大の理由が人材だ。日本のモノづくりを支えている自負はあるが、一方で「若い人はIT業界などに流れる傾向にあり、定期的に採用を続けて技能伝承しなければ将来は苦しい」と考える。このため過去5年間は中途採用のみだったが新卒採用を再開した。毎年1人でもよいので定期採用を続け、技能伝承を図る狙いだ。

　そのための教育制度の整備も始めた。これまで不定期だった内定式を定例化し、入社前研修や入社後のジョブローテーションも制度化する。相本専務理事は「配属にあたっては、本人の希望や適性を見極めて、従業員のやる気を高めていき、長く働いてもらえるような環境整備は大事だ」と力を込める。

デジタル化を進める

　日本の製造業を取り巻く環境は厳しい。国内プラントの新設は少なく、定期補修・改造・増設が多い。相本専務理事は強い危機感を抱く一方で「創業以来積み重ねてきた基盤技術にITなどの先端技術を融合させることで、工場の効率的な運営を実現したい」と話す。取り組みの一環として21年末に初めて、設計や強度計算に利用する目的で3次元CADやコンピューター利用解析（CAE）システムを導入した。また社内データ管

本社工場ではさまざまな大型装置が製造されている

円筒縦型の塔（圧力容器）内部はトレイや充填物などが設けられる

理の導入などデジタル変革（DX）も志向する。実現のためには理系出身者の採用が欠かせない。

「もはや業界が飛躍的に発展する時代ではない。ただ、ある程度の物量とシェアを確保することができれば利益は出せる」。相本専務理事は若手技術者が成長し、活躍することで業容拡大は可能だとみている。3次元ツールやそれを利用するDX化を進めることで、次のステージに押し上げる、今はその踊り場にある。

これまでは化学や電力などが主な取引先だった。今後もそれが変わることはないが、新素材や環境など新分野への挑戦も視野に入れる。相本専務理事は「洋上風力発電のフロート部やアンモニアタンクなども手がけ、新事業を進めることで、若い人が夢を実現できる職場を提供したい」と望んでいる。

┤ 理系出身の**若手社員**に聞く ├

最新の技術を学んで後輩に伝えていきたい

設計部　吉武 翔平さん
（宇部工業高等専門学校電気工学科卒業、2016年入社）

　高等専門学校を卒業後に上京し、声優を目指して頑張りましたが、周囲との力の差を感じて23歳の時に帰郷しました。

　入社を決めた理由は自宅から近く、福利厚生が充実していたからです。全くの異業種ですし、最初はミスばかりでしたがいろいろなことを教えていただき数年で成長を実感できるようになりました。3次元CADも導入されたので、これからは最新の技術を学んで後輩に伝えていきたいと思っています。

会社DATA

所　在　地：山口県防府市大字浜方320-2
設　　　立：1970年6月15日
代　表　者：理事長　木谷 行和
資　本　金：9600万円
従 業 員 数：90人
事 業 内 容：各種化学装置の設計・製作
U　R　L：http://www.hjkco.or.jp/

株式会社不二製作所

オーダーメード！ オリジナルなメカ設計
——確かなブラスト技術をベースとした効率化や機能性向上のための
　　表面加工装置の企画・設計・開発

記者の目

ここに
注目
！

▶ **エアーブラスト装置のトップメーカー。特許保有多数で技術力も高い**

▶ **オーダーメードの装置設計は、技術者魂を強く刺激する**

ガラス工芸品の加工やさび落としなどで使用されてきた表面処理技術「サンドブラスト（エアーブラスト）」。不二製作所は、独自のエアーブラスト装置や方法を開発し、産業を支える。家電や自動車など、モノづくり分野に加え、公共施設や文化財の構造物といった建築分野まで、その技術が活躍している。

シンプルな技術ゆえの奥深さ

エアーブラストの原理は圧縮した空気の力で粒子（研磨材）を高速で吹き付け、そのエネルギーで対象物の表面を変化させること。自然現象を原理とした工法で非常にシンプルだ。あらゆる物体の表面の機能や意匠を高める工法として、工業製品から社会インフラ、芸術分野に至るまで欠かせない加工技術の1つになっている。同社は、「削る」「磨く」「粗（あら）す」といった方法によって、下地処理やクリーニング、バリ取りなど多様な用途に利用されるブラスト装置「ニューマ・ブラスター」を開発・製造する。

原理は単純だが、加工対象物に求められる機能や品質を達成するために、研磨材の種類や形状、

代表取締役社長
杉山 博己さん

噴射の方法、装置の構造など考慮するべきことは多岐に渡る。研磨材は材質や硬度、粒径、形状の異なる400種類以上を取り揃える。装置は多様な用途に応じる最適な研磨材を、デジタル制御などによりコントロールして噴射する。

エアーブラストや関連する国内特許の保有数は150件。杉山博己社長は「加工する材料の投入や排出、前洗浄といった各工程で使用する装置の設計開発も手掛け、顧客ニーズに徹底して向き合い、工夫を重ねてきました」と説明する。

顧客が求める機能性を得ることができる装置を開発し、効果的に運用してもらうためには、エアーブラストの原理原則の理解や研磨材、対象物の物性など各要素の正確な専門知識が欠かせない。材料などの化学や流体、電気などの物理に関する広範囲な知識は武器になる。顧客の求める仕様を満たす装置の開発や技術を確立するためには、地道な実験・検証を厭わない粘り強さも必要だ。理工系大学での研究室で、学びを経験してきた人材が活躍できる多くの選択肢とステージが同社にはある。

オーダーメードの専用機設計

「現代の多くの工場では、作業効率の改善や省力化、人材不足に対応するため、エアーブラストの専用自動機を導入することで解決に導くことが多い」（杉山社長）。

「ブラスト」は強度向上や摺動性向上、超精密加工など、特殊技術もあり、量産部品の製作では、専用自動機が必要になる。同社は、設計・開発部門に80名弱の人員がおり、オーダーメードの専用機設計をメインに取り組む。

「前後工程も含めた大型装置やロボット装置への需要が急増し、ブラスト・機械設計ともに高い専門知識が要求されている」（杉山社長）。同社の技術者は、都度顧客の要求に応えていくために、

CADはデュアル画面。初任者でも仕事のしやすい環境が整っている

工場が併設されているのも強みの一つ。現場と机上のコミュニケーションで成長が加速する

レベルアップが求められている。もちろん初任者ができるものではないが、5年10年と経過していくと、顧客と積極的に相談しながら、本当に喜ばれる、ユーザーにメリットの出る装置も対応できるようになっていく。

「仕事への臨み方は社員の自主性に任せます。『大人の対応』を期待しています」（杉山社長）

その真意は、常に「お客さま」を意識し、そのために自律、責務を果たす、自ら考えて行動する技術者ということ。ユーザーの高い要求に応えていくためには、責任感や他者との協働があることを前提に、自分自身も深い専門知識を有していることが必要で、だからこそ、技術者の裁量を認め、大人の対応をする。この「大人の対応」を意気に感じるのであれば、同社には技術者、1人の人間として大きく成長できる環境が揃っている。

┤ 理系出身の**若手社員**に聞く ├

やり遂げることが自信になり、次につながる

技術部技術課　坂入 正英さん
（日本大学生産工学部卒業、2015年入社）

　構造や機構を考え、装置の設計を行っています。仕事の魅力は装置のすべてを構想して設計できること。考えを形にできる面白さがあります。以前、海外向けの装置開発に携わったことがありました。組み上がってから不具合が見つかり落ち込んだのですが、先輩からアドバイスをいただけたことで解決でき、自信になりました。当社の良さはやる気があればバックアップしてくれるところです。私は目指したい技術者像があるので、自律し、少しずつ知識を蓄えて成長していきたいです。

会社DATA

所　在　地：東京都江戸川区松江5丁目2番24号
設　　　立：1959年
代　表　者：代表取締役会長　間瀬 恵二、代表取締役社長　杉山 博己
資　本　金：1億円
従 業 員 数：286人
事 業 内 容：エアーブラスト専業メーカー、エアーブラスト装置（商標名ニューマ・ブラスター）の設計・製造・販売、消耗部品販売及びブラスト装置の修理、各種研磨材の販売、ブラスト加工サービス（受託加工）
U　R　L：https://www.fujimfg.co.jp/

フルード工業株式会社

粉粒体を操るエンジニアリングメーカー
──混相流体技術を駆使し独自の技術を構築

記者の目

▶ 独創的な技術開発により国内外で高い評価

▶ 若手が商品開発や研究で活躍できる

「道路や建物から食品まで、身の回りにあるモノの多くは粉からできている」そう語るフルード工業の鈴木一大社長は、流体に粉や粒が混ざった状態にある「混相流体」を扱う技術を駆使して、粉粒体の輸送・供給・流動化・分離などの独自技術を磨いてきた。扱うのは空気輸送装置、集塵装置、サイロ、粉粒体の供給・排出に欠かせないロータリーバルブなどだ。納入先は食品、医薬、機械、化学、鉱工業などの大手メーカーで、さまざまな分野の製造ラインの効率化と改善に貢献してきた。

鈴木社長は「粉というと、大抵は小麦粉かセメントくらいしか思い浮かばないだろう」と笑うが、「建設資材はほとんど粉からできているし、樹脂も元々は液体だが、石油化学メーカーが、使う際に樹脂が固まったままでは使いにくい。そこで小さな粒の状態にする」と説明。その粒状にしたさまざまな材料を操るときに、同社の機器やエンジニアリング技術が必要になる。

「例えば運動場に線を引くのに使われる石灰は、実は製鉄所での溶鉱炉からのかすを取り除く際や、下水道の浄化用などに大量に使われているの

です」(鈴木社長)。同社は高度な混相流体技術と独創的なアイデアで空気輸送装置や集塵装置などを総合的にエンジニアリングするシステムソリューション事業と、ロータリーバルブやサイクロンなどの単体機器を顧客のニーズに合わせて提案するプロセスソリューション事業を展開している。

ロータリーバルブとして初めてJIS標準数を採用

同社は創業から50年以上、実質的に赤字を出さず事業を続けてきた。同社の主力製品の一つであるロータリーバルブは、「非常に性能の良いものでないと空気がたくさん漏れてしまったり、粉がうまく入っていかなかったりといった問題があるため、常に性能の良いものを作っていく必要がある」(鈴木社長)

創業当初は、ロータリーバルブは市販品がほとんどなく、あったとしても信頼度の低いものしか手に入らなかったという。そこで同社はロータリーバルブとして初めて、JIS(日本工業規格)標準数を採用した製品を開発。これにより製品の信頼を高めて全国的に同社のロータリーバルブが採用されるようになった。当初は空気輸送装置が主力商品だったが、現在はロータリーバルブの売り上げの方が大きくなっている。

女性の理系若手社員も活躍

同社は、従業員の約半数にあたる14人が技術・製造職。若手の論文が日本燃焼学会から優秀賞を授与されたほか、2019年には同志社大学出身の理系女性が技術職として入社。「当社はエンジニアリングの会社であり、人材の質が一定のレベルを保てないと立ち行かない」(鈴木社長)ため、採用にも力を入れる。同社は茨城県つくばみらい市に研究開発施設「つくばテクノセンタ」を

代表取締役
鈴木 一大さん

扱いが非常に難しいブドウ糖の空気輸送装置

見通し・風通しの良い社内

構え、実験・研究、開発に励む。

2023年卒の採用では、全員理系を募集する。鈴木社長は「設計、技術開発は機械系でないと厳しいが、化学など他の分野を専攻した人には、技術営業などで頑張ってもらえる」と説明。新卒社員は入社後3年程度かけて教育を実施する。若手は海外の展示会への出張や他社の視察などの機会もあり、見聞を広められる。「入社してからは座学やOJTを含め、1年間はしっかり研修してもらう」（鈴木社長）ただし、早ければ入社1年目から商品開発に取り組むこともできるという。こうした教育体制が認められ、同社は東京都中小企業技能人材育成大賞の都知事賞を受賞した実績を持つ。

同社は今後、営業拠点の増設やつくばテクノセンタの拡充も予定している。鈴木社長は「何事にも興味を持って自ら学ぶ姿勢と、豊かな発想力と実行力がある人に来て欲しい」と有望な若手を求めている。

┤ 理系出身の**若手社員**に聞く ├

人間関係が良好で風通しの良い職場

技術部技術第四課 坂本 国雄さん（2010年入社）

入社1年目から、製品開発を通じてロータリーバルブの設計方法やコスト意識、期日を守って仕事をすることの大切さを学びました。数年後には大手重工業メーカーに納めた高温用スクリューフィーダーという製品の設計に従事。入社10年目には大豆の空気輸送装置において、さまざまな機械を組み合わせたシステムを設計、装置運転上の緊急事態の対応も経験しました。仕事のやり甲斐は、実際に自分が設計したものが形になるところ。当社の技術部はふだんから情報共有ができており、人間関係や風通しの良さは抜群です。

私の開発した売れっ子、超軽量ロータリーバルブ

会社DATA

所 在 地：東京都文京区小日向4-6-19
創 業：1969年12月25日
代 表 者：代表取締役 鈴木 一大
資 本 金：5000万円
従 業 員 数：約30人
事 業 内 容：空気輸送装置や集塵装置などのエンジニアリング事業、
　　　　　　ロータリーバルブやサイクロンなどの製造・販売。
U R L：http://www.fluideng.co.jp/

株式会社共立合金製作所／エバーロイ商事株式会社

超硬・ノズルでカスタム対応
——素材から設計、加工までの開発力が強み

記者の目

ここに注目！

▶ 技術者の科学的な関心を充たす開発環境

▶ 開発、製造と営業の連携でシナジーを発揮

共立合金製作所は超硬合金事業とノズル事業を2本柱とする。1938年の創業から超硬合金素材の製造を手がけ、超硬合金製工具・金型も開発、製造している。

超硬合金事業では、パンチ、ダイ、ヘッダーダイスなど耐摩耗性が要求される金型部材を中心に製造する。大手から中小まで国内超硬メーカー約140社が名を連ねる日本機械工具工業会には当会の前身となる超硬工具協会の発足メンバーとして参画し、以来70有余年にわたり当会の発展に携わってきた。国内超硬合金の市場規模は約3500億円あるが、同社を含め中堅・中小企業が担う耐摩耗分野は400億円弱程度。同社は耐摩耗製品に特化して開発を行い、業界の中でも存在感を発揮している。

今、同社が力を入れるのは電気自動車（EV）のモータコア金型に的を絞って開発した超硬素材「EW25」。モータコアの電磁鋼板を打ち抜くためのプレス金型に求められる硬さと靭性の両方を備え、多くのメーカーで使用が広がった。このほか半導体リードフレームを打ち抜くパンチ、ダイなどの金型部材も伸びている。

取締役社長
藤原 啓郎さん

ノズル事業は超硬製品から派生する形でスタートした。圧延鋼板の製造工程において、高圧水で酸化皮膜（スケール）を除去する際に、高温の鋼板に近くから高圧水を吹き出すため噴射口（ノズル）がすぐ摩耗してしまう。このため鉄鋼メーカーからの依頼を受けて、摩耗しにくい超硬合金製のデスケーリングノズルを共同開発して特許を取得した。同ノズルは従来品の寿命を格段に延ばすことができた。当時は右肩上がりの経済成長期で、開発したノズルは全国の製鋼所に広がっていった。さらにノズル用途はデスケーリングノズルから広がり、製鋼所向けでは連続鋳造機で製造したスラブを冷やし固めるためにエアと水を噴射する気水ノズル、ゴミ焼却施設分野向けなどに、冷却、洗浄、切断、乾燥などさまざまな用途のノズルを開発してきた。

超硬・ノズル両事業部で設計・開発

同社の強みは超硬事業部、ノズル事業部のいずれも設計・開発部隊を抱えている点にある。

設計・開発を自社で持っているからこそ用途に適した超硬素材を開発できるのに加え、加工技術を保有しているからこそ顧客の要望に応じた製品を提供できる。ノズルにおいても、顧客の要望を聞いて、噴射する液体を微細化したり高圧化したり自在に仕様を変更できる。ノズル事業開始のきっかけとなったデスケーリングノズルも、高圧で噴射したいという要望から超硬合金素材を採用することで開発することができた。以後経験を積み重ね、超硬合金素材、ノズルに関する知見、技術を蓄積してきたことが80年超の事業継続につながっている。藤原啓郎社長は充実した開発体制に自信を持ち、理科系学生に対しても「だからこそここで一緒に働いてほしい」と呼びかける。

超硬事業部合金工場（兵庫県丹波市）

柏原工場ノズル事業部（兵庫県丹波市）

製販一体で技術営業進める

　エバーロイ商事は共立合金製作所の販売会社として1958年に設立した。超硬工具、ノズルを扱う。顧客のさまざまな要望を吸い上げ、共立合金製作所で開発・製造するカスタムメード品を提供している。

　共立合金製作所は主に開発・製造を担い、エバーロイ商事は市場創造を行うマーケティング、販売活動に注力している。藤原社長は「両社を一体としてとらえる連結会計の仕組みを取り入れ、製造、販売の連携を図ってきたが、その成果も見えつつある」と話す。今では両社が協力して総合力を発揮できる形態に変わっている。人事交流もあり、共立合金製作所の工場に勤務する社員がエバーロイ社員に技術を教える試みや、逆に営業ノウハウを工場社員に教えることも行っている。

　このためメーカーである共立合金製作所だけでなく、エバーロイ商事でも理系出身者の採用を目指す。「理科系だけれど営業をやってみたいという人もいるし、工場の技術者と話をするにしても理科系の知見を持っている方が話は早い」と、技術に関する知識と創造力を持つ人材を営業面でも活用していく。

福利厚生を充実、働きやすい社風

　入社してくる新卒学生に対し、藤原社長は「学生時代に明確にやりたいことが見つかっていなくてもよい。まずは入社して与えられた仕事を全うしようという意欲があれば、自分なりの道が必ず開けてくる」と語りかける。藤原社長自身は1997年に共立合金製作所に入社した。それまで大手製薬会社に勤務していたため「中小企業の働

き方のイメージができないままに入った」というが、実際に来てみると「（当時の大企業に見られた）家族経営的な雰囲気と同じものがあった」と驚いた。伝統的な社風の良さのせいか、社員の離職率は非常に低い。

　さらに福利厚生の充実にも力を入れている。最近では新型コロナワクチン接種の特別休暇制度をいち早く導入した。有給休暇取得を促進するための一斉休暇制度や積立保存休暇制度も導入し、育児休業も当然のように取得しやすい環境にある。社員の自己啓発を促すために書籍購入補助制度なども設けている。つい最近も、社員からの要望を受け入れる形で釣りクラブが発足した。クラブのユニフォームとして、お揃いのTシャツを会社が作成した。提案表彰制度も実施している。長年QC活動を続けており、創立記念日である6月1日に表彰を行う。

　給与制度は「安定して働ける会社」を目指している。賃金テーブルや退職金ポイントを社員に開示し、人生設計を立てやすくした。給与はいわゆる成果主義は採用せず、年功的な習熟報酬（経験を重ねることで知識・スキルが高まる）に基づく基礎給を3分の1程度残している。主とするのは職務遂行能力に基づく職能給であるが、その評価部分についても、社員のどの部分を評価するかを公開している。こうした人事制度は藤原社長が入社後に大企業での経験を基に整えてきた。最近では、60歳以降の賃金制度を変えた。高齢化時代を迎え、「60歳を境に賃金が極端に下がるのは具合が悪い」と考えたからだ。高齢者にも手厚く報いることで、若年層も将来を見据えて会社で長く働けるようにし、会社にとっても人材定着、技術継承などの面で利点となる。

　研究開発環境の整備を進めてきた結果、技術レ

株式会社共立合金製作所 / エバーロイ商事株式会社

ノズル製品

超硬事業部加工品部の製品

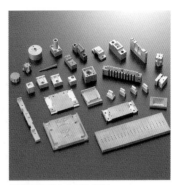

超硬事業部合金部の製品

ベルは着実に向上している。30〜40歳代の技術者たちが軸となり、若手社員の指導・育成にあたり、ベテラン技術者からの技術継承も進んでいる。数年前に大手超硬工具メーカーで長年の開発経験を持つ技術者を採用した。同社に入ってから博士号を取得するなど研究活動、論文執筆に勤しみ、周囲の社員にも刺激を与えている。また大学と複数の共同研究契約を結び、ノズルの流体解析や超硬合金の焼結時のメカニズムの解明などの研究を進めている。藤原社長は「入社してくる理系学生の科学的な興味を充たせる環境は整っている」と語り、積極的に理系学生を採用する考えだ。実際この3年間で大学院修了の技術者4人を採用した。

IoT、AIで生産革新も

同社が手がける事業分野はそれぞれ、研究開発によって用途を拡大できる余地が大きい。ノズルに関しては、もともと用途が多様で顧客が求める性能、仕様を反映するサイクルに終わりはない。超硬分野においても電気自動車（EV）の成長に伴い、モータ向け金型として開発した超硬素材の需要が広がりつつあるように、顧客志向の開発が功を奏している。

両事業部で引き続き開発を強化する一方、IoTやAIを活用した生産技術の革新にも取り組み始めた。生産状況のデータを取得するためスマートファクトリー課を設置し、専任社員を置いた。情報系の学生にも入社を呼びかける。

80年を超える事業継続を経て確立したブランド「エバーロイ」は、お客さまに永遠に（forever）愛されたいという思いと事業の原点である合金（alloy）を合わせて作られた。社是の「共存共栄」「公明正大」「和親協力」「日々向上」を行動指針に、全社員が一丸となって企業理念「技術の進歩に貢献することで、顧客と社会のためになる価値を創造する」の実現を目指している。

会社DATA

■株式会社共立合金製作所
所　在　地：兵庫県西宮市今津山中町12-16
設　　　立：1939年（昭和14年）6月24日
代　表　者：取締役社長　藤原　啓郎
資　本　金：1億8000万円
社　員　数：250名（2021年3月現在）
事業内容：超硬合金工具・スプレーノズルの製造販売
U　R　L：https://www.everloy.co.jp/

■エバーロイ商事株式会社
所　在　地：大阪市福島区鷺洲4丁目2-24
設　　　立：1958年（昭和33年）7月25日
代　表　者：取締役社長　藤原　啓郎
資　本　金：2000万円
社　員　数：68名（2021年3月現在）
事業内容：超硬合金工具、スプレーノズルの販売
U　R　L：https://www.everloy.co.jp/

要望に応じてさまざまなノズルを
設計・製作

共立合金製作所
ノズル事業部技術開発部技術課　主任
青木 遥平さん
（入社9年目、1989年12月4日生、2013年入社）

ノズルの試験を行う青木遥平さん（右）と上司の大江正和さん

　柏原工場ノズル事業部でお客さまの技術的な問い合わせに対応し、要望に沿ったノズルを設計・製作しています。大学時代は工学部機械工学科で粉末アルミニウム材料の開発をテーマに研究を行っていました。ノズルや流体工学についても学んでいたので、ノズル事業部に配属されたことに違和感はありませんでした。兵庫県出身のため県内企業での就職を考え、超硬合金材料の開発、ノズル開発の両方を行っている共立合金製作所に魅力を感じて入社しました。

　ノズルに対するお客さまの要求はまちまちで、まったく作ったことのないノズルを試作することもあります。試行錯誤しながらいろいろな試みができることが仕事のやりがいとなっています。わからないことが出てきても周囲の先輩たちが自分の考えを聞いてくれて、非常に相談しやすい環境にあります。直属の上司である大江正和課長から「仕事を正確にきっちりやりとげる」点を評価されています。

超硬の表面状態を観察
変化を見つける

共立合金製作所
超硬事業部技術開発室　主任
兼　技術部材料開発課　主任
荻野 勇紀さん
（入社8年目、1991年5月5日生、2014年入社）

超硬合金開発を担当する荻野勇紀さん（右）、左は上司の福市安春さん

　2014年入社後、柏原工場で超硬合金の研究開発を担当する部署に所属しています。電子顕微鏡などを用いて超硬を加工した際の表面状態を観察し、加工によってどのように変化しているかをお客さまに説明する仕事です。大学、大学院では応用化学科で触媒の研究をしていました。地元兵庫県出身ということもあり、共立合金製作所を志望しました。自分が希望していた超硬材料の研究ができ、部署、会社の雰囲気も良く、やりがいをもって働いています。

　ナノメートル単位の表面状態を見ることができ、観察結果からそれが工具の寿命にどのように関与するかを考察し、適切な加工方法を見つけられる可能性があることに面白みを感じています。上司である福市安春主幹からは「ものごとを理論付けて考えられる点を評価する。これまで合金素材の材料開発に特化した仕事を担当してもらってきたが、知識の幅を広げて技術営業もできるようになってほしい」と言われています。

株式会社熊防メタル

表面処理加工技術のパイオニア
──自動車や半導体関連から医療、航空、宇宙まで

記者の目

▶ 人を大切にし全社員の幸せを追求、多様な人材が活躍

▶ 顧客に喜ばれる対応力と挑戦する姿勢で技術力アップ

表面処理加工技術のパイオニア

チャンスは挑戦する者だけに訪れる─。熊防メタルの前田博明社長が好きな福山雅治の歌「甲子園」に出てくる一節だ。前田社長は、「この歌は、経営や研究開発において新しいことにチャレンジを続け、お客さまの要望に応えている当社の姿勢に重なる」と共感する。チャレンジャーのスタンスは、社の基本方針である「お客さま第一主義」の考え方に支えられている。

熊本市内に本社と工場を構える同社は、めっきやアルマイトに代表される表面処理加工技術のパイオニアだ。同社の表面処理の加工対象は、自動車や半導体、液晶、有機EL、光学機器、輸送機械、工作機械、医療、航空、宇宙など多岐にわたる。また、精密部品から大型機械まで材質や形状、大きさもさまざま。これらは、国際標準に対応し、環境方針に配慮した取り組みと品質管理の元で生みだされている。

同社は、こうした私たちの暮らしに必要不可欠な表面処理技術でさまざまな産業に貢献している。強みは、顧客第一主義に支えられた対応力と

代表取締役社長
前田 博明さん

チャレンジ精神。こうした考えを具現化するのは、本社工場とそこに設置された9つの製造ラインなど表面処理システム。そして「何よりも誇れるのは多様な人材とチームワーク」と前田社長は胸を張る。

顧客からはさまざまな依頼が来る。前田社長は、「お客さまの信頼度ナンバー1を常に目指している。そのためには顧客ニーズへの細かい対応力が重要」と力を込める。顧客からは時として、難しい要望もある。しかし、「お客さまとパートナーとして信頼関係を築き、お互いがウインウインの関係であれば、現場の技術力も向上し、新技術開発につながる。厳しい要求にも応える価値がある。今後もとことん追求しいく」（前田社長）考え。

研究機関や大学のシーズをビジネスに結びつける役割も担う。熊本県産業技術センターや熊本大学、崇城大学など地域の産学連携も推進中だ。たとえば同産業技術センターや熊本大とは、従来の表面処理の皮膜上に、樹脂の薄膜をコーティングして撥水（はっすい）性を高める新しい取り組みを開発した。こうした取り組みは、高い評価を受け、2020年には2回目の熊本県工業大賞を受賞した。

9つの表面処理の製造ラインには宇宙に関連する名称が付く。社のポリシー"無限の可能性"から無限の宇宙をイメージした。たとえば、フラットパネルディスプレー（FPD）や半導体製造装置部品など大物アルミ部品の表面処理ラインはコスモライン、2021年10月に開設したばかりの最新鋭ラインはオリオンラインと命名された。

誇れる人材とチームワーク

同社が求める人材について前田社長は、「人間性を重要視している。次に、向上心が強い人、想像力が豊かな人」と強調する。同社では"One for All All for one（一人は皆のために、皆は一人

新設したオリオンラインの表面処理槽（奥）。IoTで管理する

新設したオリオンライン。タンク状の装置は表面処理に用いる加圧蒸気封孔装置

のために）"という言葉にあるようなチームワークが伝統的に大切にされてきた。新しい仲間に対しても社全員が関わり、育てる社風がある。

社員同士のチームワークを大切にする社風は、ダイバーシティーの取り組みにも現れている。多くの女性従業員、ベトナム人実習生、75歳を超えるベテラン営業マンなど多様な人材が戦力となっている。月1回、各部門の代表者による改善提案会議を実施。より働きやすい職場づくりに取り組んでいる。

採用について、地域の大学や高専、工業高校と緊密なパイプをつくる一方で、UIやJターンの人材も歓迎している。デジタルを始めとする仕事の技能については、基本的には入社後に育成するというスタンスだ。むしろ社風に合うことが求められる。モノのインターネット（IoT）や人工知能（AI）などデジタル化推進のための社内勉強会を実施しており、今後も強化する方針だ。

――| 理系出身の若手社員に聞く |――

化学系の知識を生かした仕事にあこがれて

生産技術課　大賀　夕稀乃さん
（熊本県立熊本工業高校工業化学科卒業、2018年入社）

　現在、表面処理液剤の分析と品質チェックに携わっています。現場で不具合が出ないように、分析し管理する役割です。高校で学んだ化学系の知識を生かした仕事に就くことに憧れて入社しました。仕事のやりがいは、学んだことを生かして課題解決ができるようになった時に感じます。お客さまから、不具合が出ないことを喜んでいただいた時に、頑張ってよかったと、充実した気持ちになります。今後も、さらに力を付けて、表面処理液剤の品質向上に取り組み、お客さまの要望に応えていきたいです。

会社DATA

所　在　地：熊本市東区長嶺西1-4-15
設　　　立：2001年1月
代　表　者：代表取締役社長　前田 博明
資　本　金：2000万円
従 業 員 数：180人（2021年12月）
事 業 内 容：無電解ニッケルめっき、アルマイト、電気めっきなど表面処理全般
U　R　L：http://www.kb-m.co.jp/

光洋精機株式会社

光学部品向け丸物、難削材の超精密加工を追求
——理論的アプローチを取り入れ加工技術の発展を目指す

記者の目

ここに注目！

▶ **先端設備と技能を融合した1/1000mm台の加工技術**

▶ **若手の積極的なチャレンジや改善提案を推進**

光洋精機は、半導体製造装置や液晶露光装置、光学機器、医療機器などで要となる光学部品の超精密加工を得意としている。たとえば、液晶露光装置に使われる鏡筒に求められる加工精度は500mmの径に対して真円度、円筒度、平面度などが3μm（1μmは1/1000mm）。先端の加工設備と加工技術者の技能によって、顧客からの厳しい要求に応えている。現在、新たな市場を開拓している最中であり、多様な要望に応じていかなければならない。理系の新卒者には同社の事業を技術面からリードしていく役割が期待されている。

高精度部品の一貫生産体制

同社の創業は戦後間もない1946年（昭和21年）。1959年に日本光学（現・ニコン）との取引を始め、カメラ鏡筒部品の組立てやレンズ周りの部品加工を開始。そこで培った丸物（円形状）部品を中心とした超精密加工技術を生かして、1980年代に半導体製造装置の分野への進出を果たし、現在も同社の主要事業としている。ニコングループをメインの顧客としながらも、毎年新規顧客を獲得し、取引先は約40社を数える。

代表取締役
齋藤 光太郎さん

山形県長井市にある、敷地面積約5000㎡の工場では、切削から研削、焼き鈍しなどの熱処理、塗装まで一貫して手がけている。2020年には11号館を増設し、クレーンを備えて大型部品の加工に対応できるようにした。

切削工程ではフライス盤や旋盤のほか、特注の5軸加工機や複合加工機など、高精度・複雑形状に対応するための先端設備が稼働している。加工素材は、アルミや真鍮、ステンレスのほか、チタンや低熱膨張材といった難削材まで幅広い。それらをμmオーダーの幾何公差で仕上げるには、加工機の性能に加えて、形状や素材に対する知見や治具の選定方法など、経験を元にした加工技術者の技能が欠かせない。

2018年に3代目の社長に就任した、齋藤光太郎社長は「加工に携わる社員には、『スキルマップ』と呼ぶ"各課で5から15項目について"10段階の指標を元に、技術レベルの向上に励んでもらっている。技能伝承もスムーズに行える組織づくりを進めている」と話す。

また、同社が製造する部品のほとんどが少量多品種だ。月平均で、1種類10個以下の部品を約1500アイテム以上製造し、顧客に納めている。そのため、ITによる管理体制が非常に重要で、受注段階から一貫対応できる生産管理システムを自社開発し、既存のシステムから置き換えて2021年から稼働させている。

難加工への挑戦

新卒採用ではこれまで、山形県内の工業高校の卒業生を中心としてきた同社だが、今後は理系学部を卒業した大学生の採用にも力を入れていく。齋藤社長は理系新卒者に対して、「技術」、「IT」、「経営」の面での将来的な貢献を期待している。特に重視しているのが「技術」だ。「加工技術を何段階も高めていくには、工具の選択や加工条件

径が500mmを超えても、真円度、円筒度、平面度3μmの
公差に対応できる

クレーン付きの新工場が完成

の決定に際して、理論に裏付けされたノウハウが必要になってくる」と齋藤社長は語る。

同社には顧客から加工技術に関わる多くの相談事が持ちかけられる。中には、今までに手がけたことがない特殊合金の加工を依頼される場合がある。加工経験がないからといって簡単に断るのではなく、まずはトライしてみて、顧客の求める寸法や精度を満たすためには、どのような問題があるかを明らかにして、検討していくことが今後の技術的な蓄積にもなる。そのためにも、加工時に起きる工具摩耗などの物理現象の解析・評価といった、理論的アプローチが必要になってくる。

「お客さまが困っているということは、お客さまの社内でも競合他社でもまだ実現できていないということ。それを当社で解決できれば大きなチャンス。さまざまな課題に対して興味をもってチャレンジしてくれる人材がほしい」と齋藤社長。同社が得意とする超精密加工技術を発展させ、他社にはまねできない独自の加工技術を習得し競争力を高めていく将来像を描いている。

| 理系出身の若手社員に聞く |

困難な加工を乗り越えたときに得られる達成感が醍醐味

第一製造課マシニンググループ　リーダー
茂木 信宏さん（2012年入社）

工業高校を卒業して入社し、2021年から10人のグループのリーダーを務めています。5軸加工機のオペレーションのほか、作業予定を組み、個人別、機械別に割り当てるマネジメントも担当しています。加工方法を検討し、仕様通りの精度で部品が出来上がると達成感が得られ、やりがいを感じます。社員同士の仲が良いので工程間のコミュニケーションがとりやすいことが当社の良い点です。皆が助け合える組織づくり、日々技術の鍛錬と若手への指導に努めていきたいです。

会社DATA

所　在　地：東京都品川区大井1-24-2　ミヤタビル6階
設　　　立：1958年12月（創業 1946年11月）
代　表　者：代表取締役　齋藤 光太郎
資　本　金：4000万円
従 業 員 数：80名
事 業 内 容：半導体製造装置、液晶露光装置、光学機器、医療機器などの超精密部品加工
U　R　L：http://koyoseiki.co.jp/

名古屋特殊鋼株式会社

トヨタ自動車のティア1として金型納入
――積極果敢な設備投資で、顧客ニーズを先取り

記者の目

ここに注目！

▶ **同業他社に先んじた設備導入で差別化を推進**

▶ **リカレント教育を後押ししスキルアップ**

トヨタ自動車は2030年までに電気自動車（EV）の世界販売台数を350万台に引き上げる方針を打ち出した。「中小企業だが、これからもトヨタを支えていきたい」と鷲野敦司社長は決意を示す。名古屋特殊鋼はトヨタに鍛造用金型を納入するティア1（1次部品メーカー）としてだけでなく、設備サプライヤーで組織する「栄豊会」の部会長も務めた有力企業だ。1965年に特殊鋼の卸問屋として創業し、1980年代に金型の部品加工で金型事業に進出。これにより、トヨタだけでなく大手サプライヤーとの取引が拡大した。1995年には金属加工を担う工機工場の増設と同時に、金型の設計・製作に本格的に乗り出した。現在では、祖業で培った特殊鋼に対する知見を生かした適材提案から、金型の設計・製造、自動車部品のテスト加工まで一貫して手がける。トヨタのほかデンソーやアイシンといった大手部品メーカーも顧客で、売上高ベースで金型事業が7割、商社事業が3割となっている。

自動車産業が盛んな愛知県で同社が存在感を示すことができた要因は、思い切った設備投資だ。1995年の金型事業の本格化と同時に、3次元測定器を導入した。当時は、金型寸法の測定データは

代表取締役社長
鷲野 敦司さん

必ずしも必要ではなかった上、複雑な形状の測定精度は高くなかったため「そもそも必要なのか」といった意見も出たと鷲野社長は打ち明ける。さらに、鍛造部品のテスト加工に使用している「5軸トライプレス機」も、導入した2000年当時は国内では同社にしかなかったという。こうした最先端の機械設備や技術を積極的に導入してきたことが強みとなり、成長してきた。

研究開発の高度化に注力

「EV化は5年後ぐらいから本格化し、10年後には革新的な技術が出てくるだろう」（鷲野社長）と分析する。将来に備え、次世代技術への対応も推し進めている。2019年に本社第2工場を建設し、精密加工用の大型ジグボーラー1台を導入。モータの中核部品であるモータコアや電動化部品用金型に求められるマイクロメートルレベルの高精度加工技術を高めるためだ。2020年には、本社工場内に金型の寿命や金属材料の組織分析などを行う研究開発スペース「メイトクLABO」を新設。評価試験用の装置や、金属組織を観察できる顕微鏡といった設備を導入。金型やその後のプレス部品の耐久性や不具合を解明できる体制を整え、金型や母材の改良提案につなげる。また、リバースエンジニアリング技術の高度化にも力を入れる。現在、実際の金型を非接触型の3次元（3D）測定器で撮像し、寸法誤差100分の2ミリメートルで図面データを作成する技術を保有している。大学との共同研究を進め、さらに精度を高める。電動化に向けアルミニウムやステンレスといった非鉄金属の加工技術を金型加工に応用する研究も進めていく方針だ。

人への投資を重視

設備だけでなく、人への投資も欠かさない。

金型の寿命や金属材料の組織分析を行う研究開発スペース

リバースエンジニアリングにより、どんな製品でも図面レスで同一精度の複製を作成することができる

「入社後、大学に通い博士号を取得した人がいて、現在は管理職として活躍している」（鷲野社長）と社会人が学び直すリカレント教育も取り入れている。そのため、人工知能（AI）やロボットのプログラミングなどといった今後必要となる技術の習得や研究を希望する社員を支援する方針だ。「若い人達が得意な分野を伸ばし、会社を変えてくれたらいい」（同）と期待を寄せる。同社従業員の平均年齢は37歳で、約200人の社員のうち、20〜30代が半数を占める。「社員とのコミュニケーションを大切にしたい」（同）との考えから、若手が中心となって組織する「若手の会」と役員との間で交流会が実施されている。この場では、人事評価制度や職場環境改善など、忌憚のない意見が交わされる。この結果、製造現場での数値目標導入や、従業員の労働時間最適化などの改善が図られてきた。「出てきた意見については、できることから取り組んでいく」（同）と真摯に対応する。こうした環境で育った人材が、変化の時代を切り開いていく。

┤理系出身の若手社員に聞く├

トヨタへの出向で意識変革

㈱メイトクツールズ 技術部　前川　健さん（2015年入社）

　大学で電気・電子システム工学を学び、自動車産業で活躍したいと思い名古屋特殊鋼に入社し、製造部門グループ会社のメイトクツールズに配属となりました。現在リバースエンジニアリングを担当していますが、入社当時はよく理解していませんでした。ですが3年間のトヨタ自動車への出向を経験し、測定する金型の見方がまったく変わりました。精密データが必要な部分とそうでない部分の見極めができるようになったことで、効率化を図り数量をこなせるよう工夫を重ねています。難しい作業ですが、楽しみも感じています。

会社DATA

所 在 地：愛知県犬山市鶴池78-1
設　　　立：1965年
代表者氏名：代表取締役社長　鷲野 敦司
資　本　金：9520万円
従 業 員 数：約200人
事 業 内 容：金型設計・製作、特殊鋼販売
U　R　L：http://www.meitoku.co.jp

株式会社アイ・メデックス

国内で唯一の生体電極専業メーカー
──生体電極でビッグデータを取得、IoT時代のセンサーに進化

記者の目

ここに注目！

▶ 業務のIT化などで、休暇を取りやすく働きやすい環境を推進

▶ 一人ひとりの従業員を会社全体で支える

　医療機器メーカーのアイ・メデックスは国内で唯一の生体電極専業メーカーだ。生体電極は心臓の収縮で生じる微弱な電力を測定し、波形として表示する心電計に使用されている。現在の取引先は医療業界が中心だが、農業やスポーツなど、これまで取引のない業界からも注目を集めている。生体電極で取得した心拍数や脳波などのビッグデータ（大量データ）を人工知能（AI）で解析するなど、多くの分野で活用が期待できるためだ。

　生体電極には、電磁波や静電気を取り除く、身体の汗でもはがれない、水中でも計測できる、長期間装着しても皮膚がかぶれないなどさまざまな特徴があり、同社の製品にはそれらを実現するための技術が搭載されている。同社が安定的な成長を続けてきた要因は、生体電極に特化した技術力を高めてきたことだ。

見えないものを見えるように

　2012年に初の自社ブランド製品として発売した「マイローデ」は、アースを内蔵することで、体外からの電磁波や静電気を除去し、センサー精度への影響を抑える技術を業界で初めて搭載し

代表取締役社長
市田　誠さん

た。同社の製品は大きな可能性を秘めており、生体電極を植木に取り付け水を与えた際の反応や、赤ちゃんが泣く要因など「見えないものを見えるようにすることが可能になる」と、市田誠社長はそのポテンシャルの高さを強調する。

　同社は市田社長の「人生の3分の1は会社にいる。その時間を楽しいと思える会社にしたい」との方針から、先行して働き方改革を進めてきた。背景には、子育て世代の女性従業員の多さもある。従業員数は90人で、女性は70人。そのうち、60人が子育てをしながら働く。業務のIT化なども進め、子どもの突然の病気や学校行事などの際に、休暇を取得できる職場を実現してきた。さらに新型コロナウイルスの感染拡大前から、技術職を中心にテレワークを可能にするなど働き方改革を加速する。

　20年5月には、オランダ発の「アクティビティ・ベースド・ワーキング（ABW）」を導入した。これは、業務内容に合わせて場所や時間に制約されずに働けるようにする制度だ。さらに、グリーン色を基調に刷新したオフィスは、業務内容に応じて仕事場所が選べ、集中が必要な際の1人になれるスペースや、ミーティングスペースなどを設けている。

全従業員がクリエーティブに

　ABW制度の狙いについて市田社長は、「かけがえのない時間を生み出し、考える時間を増やす必要がある」と説明する。これには、生体電極に医療という従来の枠を超えた進化が期待される一方で、人口の減少に伴い国内市場の大きな拡大が期待できない中、成長を持続するには海外展開が必要不可欠なことから、「全員がクリエーティブになってもらいたい」（市田社長）という思いが込められている。

　海外展開の第一歩として18年にはフランスに営業拠点を設置し、このほどドイツの救急関連製品を取り扱う企業からトレーニング用の生体電極などを

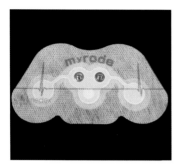
国内で唯一の生体電極専業メーカー

生産現場。子育てをしながら働く従業員でも働きやすい

アクティビティ・ベースド・ワーキングの概念に基づき刷新したオフィス

受注した。19年5月期の売上高は10億円で、海外売上高比率は数パーセント程度だが、24年5月期に海外売上高で5億円、同比率で約30％を目指す。

　若手社員は今後の成長を支える原動力と考え、毎月、市田社長が面談する。経営トップ自らが若手と話し合い、公私ともに「自己実現をどんどん応援する」（市田社長）。若手を育成する管理職にも市田社長が面談し、人材が育つ風土作りを進める。市田社長は「絶対に一人で悩ませない。絶対に日の当たらない場所を作らない」と言葉に力を込め、一人ひとりの従業員を会社全体で支える方針を強調する。

　長くIT業界に身を置いた市田社長は「GAFA（グーグル、アップル、フェイスブック、アマゾン）が成長できたのは"都合のいい会社"だからだ」と分析する。市田社長の言う都合のいい会社とは、ユーザーにだけではなく従業員が自由に、やりがいを感じる業務に挑戦できる会社のことを指す。そして、自らも「都合のいい会社になる」と宣言する。ITの高度化に伴い生体電極が新しい時代のセンサーに進化し、事業エリアもグローバルに拡大する中で、アイ・メデックスの挑戦が続く。

┤ 理系出身の **若手社員** に聞く ├

英語力を磨き海外業務にも挑戦したい

営業部開発設計グループ　小川 誠也さん（2020年入社）

　医療機器やIT、半導体などの業界を対象に就職活動をしましたが、当社に入社を決めたのはインターンシップ（就業体験）を通し、自分が入社して働いているイメージができたからです。希望していた開発設計グループに配属され、試作品を設計しています。

　入社2年目となり、お客さまとの最初の打ち合わせから参加でき、製品が完成するまでの全工程に携われることにやりがいを感じています。当社は海外の展示会にも出展していますので、今後は英語力を磨き、海外での業務にも挑戦したいです。

会社DATA

所　在　地：千葉市花見川区宇那谷町1504の6
設　　　立：1992年6月
代　表　者：代表取締役社長　市田　誠
資　本　金：1250万円
従 業 員 数：90名
事 業 内 容：生体電極など医療機器の開発・製造・販売
U　R　L：https://www.imedex.co.jp/

京西テクノス株式会社

電子機器メンテナンス　ワンストップで対応
── 自社開発装置を活用　医療・通信・計測分野軸に展開

ここに注目！

▶ **高度な技術　しっかりと時間かけ教育**

▶ **「有言実行型」人事制度　正当性・透明性を重視**

京西テクノスは医療機器・計測器・IT通信機器を中心とした高付加価値な電子機器のメンテナンスサービスを手がける専門会社。機器トラブルの受け付けからシューティングまでワンストップで対応することに加え、あらゆるメーカーの製品を扱う「トータルマルチベンダーサービス」を推進している。臼井努社長は「メンテナンスサービスはただ単に壊れた装置・システムを直すというだけでなく、トラブルによって困っているお客さまの心に響くサービスを提供していくことだ」と力を込める。

「和」にこだわり

同社はメーカーのサポート期間が終了した機器の修理や「再設計」による機器の延命、リニューアルといったオリジナルサービスも展開。さらに、機器内部の基板上で、どの半導体に故障・トラブルが発生しているかを見極められる部品の良否判定装置を開発し、サービスに活用している。臼井社長は「メーカーから指示された通りのビジネスだけでなく、自社開発した装置を組み入れて他社にはないメンテナンスサービスを展開してい

る」と胸を張る。

「京西グループは、医療・通信・計測をキーワードとしたトータルマルチベンダーサービスの実現、技術革新を推進し、和を持った豊かな価値を創出します」という企業理念を定めている。そのなかで臼井社長は「和」という言葉にこだわりを持つ。

和には仲良く、協調するという意味もあるが、会社がよい方向に向くために社員がお互いに議論して方向性を導き出し、皆で導き出した結果には反対した者も従い、全員でベクトルを合わせて進むという思いを込めた。聖徳太子が制定した十七条憲法の「和を以て貴しとなす」の「和」の意に共感して取り入れた。

同社は2021年4月、沖縄に拠点を開設。北海道から沖縄県まで全国の主要都市に拠点を置きサービス展開している。各拠点から近隣の大学や高等専門学校などから学生を多く採用。基本的な考え方として、地域から採用して地域に根付いた社員がメンテナンスサービスを行う方針を掲げる。

理由は地域の強みや文化、特性を理解していることで、よりよいサービスを行えると考えているからだ。まずは、入社から一定期間は東京本社でしっかり技術を習得させ、ある程度のレベルまで成長した後、地元に帰って当該地域を担当することになる。

メンテナンスサービスの対象は高付加価値製品がメーン。医療機器に例えると放射線治療装置や画像診断装置などで、メンテナンスに必要となる技術的な難易度も高い。技術習得には1〜2年でなく、3〜5年という期間が必要となる。じっくりと時間をかけて技術を学び「この分野では絶対に負けない」強みとなる技術を身に付けた後に横展開し、社内全体で共有していくことが大切という。「当社はさまざまなメーカー・機種を扱う。

代表取締役社長
臼井　努さん

メーカーの修理サポートが終了した電子器機を修理・延命するサービスを提供

国内最大規模の校正サービスと実績のある修理技術を融合

俯瞰（ふかん）して物事を観察する視野の広さ、好奇心を持って取り組んで自分の世界を広げていけるような人材が活躍できる」との認識だ。

日本にいながらのグローバル化

また「有言実行型」の人事制度を実践する。半年〜1年で習得する技術や取得する資格、数値的な目標を設定し、それが達成できたかどうかによって人事査定を行う。人が人を評価する場合は正当性・透明性を重視。しっかりとした評価・査定基準を設けている。さらに、管理職として昇格する「ゼネラリストコース」と技術者としての力量を判定する「スペシャリストコース」の両面で評価を行い、待遇が上がっていく。

今後の事業展開については、DX（デジタルトランスフォーメーション）を推進したビジネスモデルの高度化と「日本にいながらにしてのグローバル化」に力を入れる。そのひとつはリモート監視ソリューション「Wi-VIS（ワイビス）」事業。自社で製造した監視ボックスにセンサを接続してデータを取得、社内の「グローバルサポートセンター」に送ることで、世界中の装置を監視できるようにした。

ワイビスは現在、第5世代通信（5G）に対応したワイビスⅡに進化。工場や施設の温湿度、電力・電圧、二酸化炭素（CO_2）濃度監視のほか、ダムの水門や新型コロナウイルスワクチン保管庫内の温度監視など幅広い分野で利用されている。自社で装置製造を手がけていることから監視・運用に知見を生かせる強みをアピールし、スマート

ファクトリーやスマートホスピタルといった需要を開拓していく。

校正事業は国内最大規模

20年7月には関西国際空港の保税エリアで電子機器の故障・修理、計測器の校正サービスを始めた。従来、日系企業などが海外拠点で使用している機器を日本で修理するには税関を通す必要があった。京西テクノスは国際物流会社と協業し、海外で故障した機器を空港内で保税状態のまま修理・校正するので関税がかからない。

コストだけでなく国際物流会社がそのまま海外の依頼主に返送することから、リードタイムも従来の3分の1に短縮できる。両社がそれぞれの強みを合わせた新たなビジネスモデルの創出に果敢に取り組んだ。臼井社長は「日本国内で世界中の

独自のビジネスモデルは展示会でも来場者の注目を集める

京西テクノス株式会社

24時間365日体制で設備や機器を監視し障害に対応

ネットワーク機器のメンテナンスも24時間対応

装置の修理・校正に対応する。日本にいながらのグローバル化を今後も加速していく」と意気込む。京西テクノスのこうした新たなビジネスモデルが評価され、経済産業省の20年版「グローバルニッチトップ企業100選」に選ばれた。

校正サービス事業においては関西国際空港での取り組みのほか、事業買収による拡大戦略も推進している。19年はNECマネジメントパートナーから、21年には富士通ファシリティーズなど富士通グループ3社からそれぞれ校正サービス事業を引き受けた。統合に伴い、既存拠点の生産能力向上を図るとともに、校正拠点をこれまでの東京、千葉、大阪、福島の4拠点から長野、栃木・小山、同那須を加えた7拠点体制に拡充した。エンジニアについては今後、増員を視野に100人体制を確立する。

こうした戦略により同社は、校正事業会社として国内最大規模をさらに拡大。「修理と合わせたワンストップサービスを充実させる」(同)考えだ。現在、統合により生じたハードウエアの移設や校正作業のプロセスを京西テクノスの校正管理システム「CALIOS」に移行、すべての事務作業を同一システムにするなどハード・ソフト両面において効率化を進めている。

売上、利益、社員数が伸長

同社は経営理念にもある「トータルマルチベンダーサービスの実現」に加え「顧客ダイレクトサービスの実現」「自社プロダクトの創出」を企業目標として掲げる。設立から20年を迎え、高付加価値な医療・電子機器のメンテナンスサービスや電子機器の校正事業を軸に目標を着実に遂行する。過去には経済産業省から「地域未来牽引企業」「はばたく中小企業300選」にも選ばれ、企業価値は確実に高まってきた。

経営面では長期経営構想「Achieve K」で掲げていた25年度の売上高100億円を5年前倒しして20年度に達成した。売上高・社員数は順調に伸びており、今後は利益率向上や売上高でさらなる高みを目指す。飛躍に向けた視界は良好だ。

会社DATA

所 在 地：東京都多摩市愛宕4-25-2
設 立：2002年(平成14年)2月
　　　　　グループ創業　1946年(昭和21年)6月
代 表 者：代表取締役社長　臼井　努
資 本 金：8000万円
従 業 員 数：400名(2021年4月1日現在)
事 業 内 容：計測器/医療機器/通信機器/電子機器 設計・製造・修理・校正・
　　　　　　ネットワーク設計・構築・運用管理・システム運用管理
U R L：https://www.kyosaitec.co.jp/

的確な判断やコミュニケーション力、作業スピードが大切

メディカルサービス部東日本グループ
関口　航世さん
(東京都立産業技術高等専門学校出身、2015年入社)

　医療機器（画像診断装置）の設置、点検、修理等を行う業務で、私は海外メーカー製のCT装置とPETCT装置という大型医療機器の点検・修理を担当しています。間接的ではありますが患者様の命に関わってくる業務です。現場での的確な判断やコミュニケーション力、作業スピードが非常に求められるため、よい緊張感をもって仕事を行うことができるのが醍醐味です。学生時代から医療業界に興味があり、多くのメーカーのサービスをトータルで取り扱っている京西テクノスに目が留まりました。装置の些細な変化から不具合を発見し、最後まで自分の力で解決した時の達成感は何にも替えられないものがあり、そこで得た経験や問題に対する答えは今後一生忘れず、自分のものになっていきます。

多種多様な製品扱う大変さとやりがい

沖縄サービスステーション
小川　匠さん
(沖縄工業高等専門学校出身、2012年入社)

　2021年4月より、沖縄県に設立したサービスステーションにてフィールドサービス、コールセンター業務を行っています。入社を決めた理由は特定のメーカーへ勤めるよりも、多種多様な製品に触れる機会が多くなると感じたためです。さまざまなメーカー、多種多様な装置に触れる機会を得られることがこの仕事の難しくも面白いところです。実際、1〜2年慣れ親しんだ装置から離れ、まったく違う機種の担当となることも少なくありません。そのたびに新しい仕組みに触れることになるため大変ですが、それに匹敵するやりがいを感じています。今後も新しい分野への前向きな姿勢を崩さず、積極的に取り組んでいきたいと考えています。

株式会社翔栄

高品質の物づくりを通じて社会に貢献
──2年先の市場で標準技術となる製品供給

翔栄はタッチパネルの総合メーカーである。自動車メーカーの純正カーナビゲーション向けや産業用途のタッチパネルに加えて、各種ミラーや関連製品などの開発・製造・販売を手がけている。

近年では、より付加価値の高い物づくりの一環として加飾レンズ付静電容量式タッチパネルなどの製造に力を注いでいる。販売面に関しても米国とドイツに営業拠点を保有し、海外の大手電装品メーカーとの取引が9割程度を占めるなど、ワールドワイドに事業を展開中だ。

品質面や安全性を重視し、製品はすべて国内生産。クリーンルームによるゴミやホコリがない環境下での物づくりを徹底しているほか、ラインの自動化による作業の効率化、部品の内製化によるコスト削減も進めている。

新製品づくりを積極化

1982年の設立から40年。飛躍的な成長を続けてきた同社の経営理念は「物づくりを通じて社会へ貢献」すること。品質の良い製品を作り、利用者に届けることによって「人々の生活をより豊かにし、地域社会に対しても雇用の創出という観点

代表取締役
堀川　悟さん

で貢献したい」という堀川悟社長の強い思いが込められている。

主力製品である自動車や車載部品市場は現在、電動化や自動運転など大きな変化に直面している。外部環境の変化に伴って生じる新たなニーズにどう応えるかは今後の競争力を左右する重要テーマだ。同社は変化をチャンスととらえ、新製品の開発にも積極的に乗り出している。

コンセプトとして打ち出したのが「2年先のスタンダードの提供」。堀川社長が「十年一昔という言葉が古くさく感じるほど、今ではわずか2年で大きく様変わりする」と指摘するように、外部環境の変化のスピードは速まる一方だ。

こうした状況に対応するため、設備や人的環境の整備を徹底。2年先の市場で標準技術となる製品の供給が可能な生産活動を強く意識し、取り組んできた。

その意識は仕事現場にとどまらない。社員一人一人が会社の業務だけでなくプライベートに関しても2年先に到達すべき目標を定め、「その実現のために何を今日なすべきか。そういう気概を持って生産活動を行っている」（堀川社長）。

部門を超え交流促進

同社で理系出身者が従事するのは、主に技術開発または生産技術の業務。年齢層が幅広く、中途採用の技術者も多いため、積極的に交流することでさまざまな知識やスキルを吸収できる環境にある。

堀川社長は「部門を超えてコミュニケーションを取ることで多くのことを学び、将来それを後輩に引き継げる人材になってほしい」と期待する。海外の顧客とのつながり強化を見据えて、語学研修制度などのサポート体制も万全だ。

時代の変化に合わせて業容を拡大するため、新規事業の立ち上げにも意欲的だ。その一つが高機

タッチパネルの製造現場

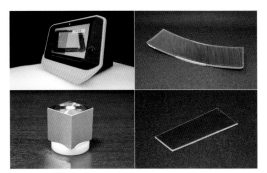

ヘッドアップディスプレー用ミラーなどの製品群

能センサー「LiDAR（ライダー）」（Light Detection And Ranging、光検出と測距）の部品製造だ。ライダーは、離れた場所にある物体の形状や距離をレーザー光を使って測定するセンサー技術。自動運転や先進運転支援システム（ADAS）の普及を見据え、既に量産を始めたヘッドアップディスプレー（HUD）向け部品「コールドミラー」の技術を応用し、「赤外線反射ミラー」など複数のライダー向け部品の開発を進めている。2-3年後をめどに量産化し、タッチパネルに次ぐ新たな柱として育成する考えだ。

自動車部品製造で培ったノウハウを生かし、不織布マスクの生産にも乗り出している。タッチパネルを手がける伊勢崎工場（群馬県伊勢崎市）で、クリーン度クラス1000の製造ラインを構築。安全・安心で高品質の群馬県産マスクを供給している。

自動車業界を中心に技術の進化を間近に感じながら仕事に取り組み、自身の成長にもつなげられる。会社と個人の双方の未来を創り上げていく楽しさこそが翔栄の魅力といえるだろう。

┤ 理系出身の**若手社員**に聞く ├

中心的な立場での業務にやりがい

製造本部製造部製造技術課 内田 健太さん（2016年入社）

新規設備の導入や工程プロセスの設計・立上げ、既存設備の保全・補修などを担当しています。大学時代に機械工学を専攻していたため、これらの知識や経験を生かしつつ、人の手に触れる製品をつくる仕事に就きたい気持ちがあったのが入社のきっかけです。

若手であっても中心的な立場で業務に従事できるため、やりがいはとても大きいです。私は入社1年目から新規設備の導入の検討などを担当し、その後もさまざまな設備の導入に携わりました。任される仕事の範囲が広がることは自信にもつながっています。

会社DATA

所　在　地：群馬県伊勢崎市三和町2718番地3
設　　　立：1982年3月17日
代　表　者：代表取締役　堀川　悟
資　本　金：1億円
従　業　員　数：249人
事　業　内　容：タッチパネル、車載用各種ミラー及び関連製品の開発・製造・販売
U　R　L：https://www.shoei-t.co.jp/

ナプソン株式会社

電気抵抗率/シート抵抗測定装置のニッチトップ
——半導体や薄膜の開発や測定を支えるプロ集団

記者の目

ここに注目！

▶ 半導体ウエハー抵抗測定、液晶薄膜測定での販売シェアは世界で80%以上を誇る

▶ 付加価値の高い製品により高水準のボーナスを継続して支給

半導体、液晶、太陽電池向けに、抵抗率/シート抵抗測定装置を製造・販売するナプソン。同社の測定装置は、半導体材料のシリコンウエハーや液晶パネルなどの抵抗率、膜厚などの検証に使用される。半導体部品、液晶パネル、太陽電池を開発、製造するうえでナプソンの測定装置は欠かせない存在となっている。

身近なところでは、スマートフォンやタブレット端末の画面に貼られている導電膜シートの抵抗率を測定する装置などがある。世界各国の半導体材料や太陽電池、フラットパネル（液晶、有機EL）、タッチパネル、カーボン系新素材などの研究機関、メーカー、大学などが販売先だ。

先代の創業者から経営を引き継いだ中村真社長は、「私は創業から5期目に中途入社し、当時は社員が10人弱ほどしかいなかった」と振り返る。中村社長は入社当初、米国などに自社製品を売り込む海外営業の担当として奔走。「米国の会社がナプソンの製品に興味を持っていて、現地でOEM（相手先ブランド）による展開をしようとしていた」（中村社長）と明かす。今では、同社の海外売上高比率は7割に上り、エンジニアは装置の据え付けでアジアやヨーロッパなど海外に出かけていくチャンスもある。

創業以来磨き続けてきた電気抵抗率測定技術

半導体材料や薄膜などの電気抵抗を測定する方法は接触式と非接触式の2種類がある。接触式はサンプルに針を当て測定するもので、測定対応範囲が広く、さまざまなサンプルタイプに使用できる。非接触式は測定器の間にサンプルを挿入して電気抵抗を測定する方法で、サンプルにダメージを与えることがない。

中村社長は「接触式のメーカーは国内に数社、世界に3～4社ほどあるが、国内で非接触式の抵抗測定器を手がけている会社は当社以外にない」としたうえで、「接触式と非接触式の両方式の測定器を本格的に開発・製造・販売する企業は、世界中でナプソンだけだ」と淡々と話す。

ナプソンは半導体材料、薄膜、フラットパネル業界に対しては、独自に確立された販売網によって、国内だけでなく海外でも高い市場占有率（シェア）を誇る。根幹となる電気抵抗の測定技術は一貫しているが、用途は半導体ウエハーから太陽電池、液晶、有機EL、パワー半導体向けの化合物などへと広がっている。

若手社員に広がる活躍の場

ナプソンの強みは何と言っても研究開発力。技術職のうち、約2割の人員を開発専門に割き、これまで取得した特許は10以上に上る。産学連携にも積極的で、新潟大学、山形大学、千葉大学などと共同研究の実績があり、山形大学とは共同特許も取得している。「電気抵抗以外の測定に関連するさまざまな技術も開発しており、現場から上がってきたアイデアをもとに新規プロジェクトにも常に取り組んでいる」（中村社長）。

代表取締役
中村　真さん

セミコン上海2019 ナプソンの現地代理店ブース

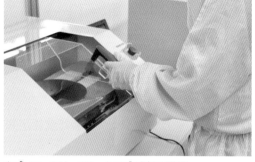
ナプソン　クリーンルームでデモ測定の準備

採用面では技術職を中心に、設計・電気・機械・ソフトウエアなどの幅広いエンジニアが活躍。2023年4月の新卒採用については、①電気設計・測定開発、②機械設計、③制御系（PLC）設計、④ソフトウエア開発の4職種を想定し、数名を採用する予定。

中村社長は「基本的に機械系を学んできた人は機械設計、電気系は電気設計・測定開発といったように配置するが、本人のやる気と希望があれば、専門外の職種に転じることも可能」と説明する。最終学歴は高専、短大、大学のいずれかを卒業した人で、「技術職の場合は、モノを組み立てたり、機械いじりをしたりすることが好きな人は向いているのではないか」（中村社長）という。

入社後は約3カ月間、各部署で専属の教育係とマンツーマンで製品の組み立てや測定器の原理などを一通り学んで基礎を身につける。社内の研修とは別に、社外でセミナーや講習会などに参加する際には、会社としてサポートしている。

│ 理系出身の**若手社員**に聞く │

自由にトライできる風通しのよい社風

技術部開発課　牛込 賢治さん（2006年入社）

高専の電気電子工学科に在籍していた時に、担任教諭のもとへ当社の先代社長が技術相談に来られたことがきっかけで、入社しました。当初は事業のイメージが湧きませんでしたが、実際に非接触の電気抵抗測定器の開発に携わると、自由にトライアルできる社風だと感じるようになりました。例えば回路設計で今までと違う方式を試してみる、といったように、自分の発想で仕事に取り組んでいます。今は受注が多く忙しいですが、落ち着いたら新たな分野にも挑戦したいと考えています。

会社DATA

所　在　地：東京都江東区亀戸2-36-12　エスプリ亀戸7階
　　　　　　（工場：千葉市緑区大野台2-5-10　緑と森の工業団地）
設　　　立：1984年7月4日
代　表　者：代表取締役　中村　真
資　本　金：5000万円
従 業 員 数：43人
事 業 内 容：電子機械装置（半導体関連測定機器）の研究開発、製造販売、輸出輸入
U　R　L：https://www.napson.co.jp/

日信電子サービス株式会社

社会インフラの最後の砦を確かな技術、人間力で担う
——鉄道から道路、駐車場、高度医療検査機器まで、止めてはいけない社会インフラをトータルにサポート

記者の目

ここに注目！

▶ 個人のキャリアプランと擦り合わせ、階層別、資格別、職能別に研修

▶ 9割がエンジニア。会社全体が同じ空気の中でベクトルを合わせる

新型コロナウイルス感染症の影響で生活が一変するなか、ある職業の人々に注目が集まった。社会活動を持続させるために必要な業務を行う「エッセンシャルワーカー」と呼ばれる人たちだ。

道路や鉄道保安システムのメンテナンスを手がける日信電子サービスの社員は、まさに典型的なエッセンシャルワーカーである。

同社が携わっているのは、ATC（自動列車制御装置）やATS（自動列車停止装置）をはじめとする鉄道運行システム、および駅内の自動改札機や券売機、ホームドアなどの駅務機器、あるいは道路の交通信号機およびその管制センターなどの道路交通システム、駐車場の自動料金システムなど、まさに日本の動脈である交通インフラを24時間体制でサポートしている。さらには、MRI（磁気共鳴画像装置）やCT（コンピューター断層撮影装置）、超音波診断装置など医療の最先端機器のメンテナンスも行っている。

同社総務人事部課長の片見明広さんは、「メンテナンスというと地味な印象がありますが、当社が対象とする機器やシステムは、ひとたびストップするとたちまち社会的な大混乱を起こしてしまう。求め

られる技術的専門性も社会貢献度も高い。皆強い自負心を持って仕事に臨んでいます」と語る。

ただ「正直、仕事はタフな面がある」という。「駅の中はそれほどでもないのですが、屋外はどうしても夏は暑いし、冬は寒い」

自動運転社会を一緒につくる

入社2年目の佐藤圭駿さんも頷く。佐藤さんは現在埼玉県内の交通信号機の点検、修理を担当。学生時代、同社のインターンシップに参加し、社会にとって必要不可欠で「止めてはいけない機械やシステム」に関わる仕事がしたいと入社。「点検して異常を発見して直したり、障害が起きた信号を復旧させたりするとやりがいと責任感を感じる」（佐藤さん）が、大雨の日の修理作業は「大変です」と苦笑する。基本的に雨の日の点検はやらないが、信号機が故障した場合は、雨でも直るまで現場に張り付くという。

「日頃から自分が担当しない障害などに対し、どんな補修がされたのかを見るようにしています。その甲斐もあって、ふだんは先輩と2人1組で行動するのですが、一人で修理できることも増えてきました」

佐藤さんが今関心を持っているのが、自動運転向けの信号機。「先日も自動運転の実証実験があり、信号機の現場の調整を行いました。まだ実験段階ですが、そういう機会も増えています。信号機メーカーや自動車会社、行政の方などと一緒に未来をつくっている感じがしていて、もっといろいろ学びたいと思っています」

心技体の成長を促す手厚い研修

片見さんは「当社の社員は皆現場で鍛えられるので成長が早い」と言う。「いま私は本社勤務ですが、現場の若手社員に節目節目に会うと、見違えるように育っていて驚きます」と誇らしげだ。

総務人事部課長
片見 明広さん

道路交通システムを管理する交通管制センターのメンテナンスも同社が行う

誰もが日々駅で利用する自動改札機。同社の社員がメンテナンスしている

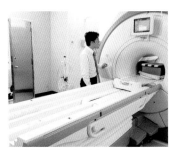
高度医療機器のメンテナンス。高度医療のニーズの高まりで、需要が増えている

　成長の背景には同社の手厚い研修制度の存在がある。「当社は電子工学、機械工学系などを軸に採用していますが、それでも各分野の専門性が高く、一通りの知識を得るまでには数年かかります。さらにAI（人工知能）やITといった技術進化にも対応しなければなりません」（片見さん）

　同社では職域ごとに求められる専門資格や技術・技能の研修を、OJTやOFF-JTを組み合わせながら、階層別、資格別、職能別に実施。いずれも一人ひとりの将来像を重視し、本人と上司が話し合いながら、1年ごとに目標管理計画に落とし、展開している。

　最近は文章力講座などにも力を入れている。

　「お客さまの職場に張り付いて仕事をするため、エンジニアとしてもさることながら、人としても信頼されなければなりません。メール一つでも社会人にふさわしい書き方があり、そういった基本を伝えています」

　もちろん体の健康管理も手厚い。産業医の先生に入ってもらい、定期的に面談しており、メンタル面からサポート。栄養面に関する健康管理講座も開いている。

　最近は女性エンジニアも増えつつある。「駅内の業務が中心ですが、非常に優秀です。今後も時代に合わせ、より安全で快適な仕事環境づくりを進めたい」と片見さんは力を込めた。

│ 理系出身の**若手社員**に聞く │

成長の機会と刺激が豊富にある

東日本支社　交通サービス部　佐藤 圭駿さん

　高専で情報工学を専攻しましたが、当社が扱う信号機と管制システムはネットワークでつながっているので、ソフトとハードの知識が活かせそうだと考えて入社しました。先輩に見守られながらですが、信号機の修理は一人でできることも増えてきました。自動運転社会が実現しつつあるいま、交通信号機の保守・修理技術も大きな変革期を迎えています。そういった新しい技術を身につける研修も増えており、メーカーの方々をはじめ、社会のみなさんと本当に未来をつくっていく実感があります。今後は新しい技術を身につけるために、資格試験にもどんどん挑みたいと思っています。

会社DATA

所　在　地：東京都墨田区押上1-1-2　東京スカイツリーイーストタワー15F
設　　　立：1967年5月
代　表　者：代表取締役社長　髙野 利男
資　本　金：4億8000万円
社　員　数：576名（2021年3月末）
事 業 内 容：鉄道保安システムのメンテナンス、駅務機器のメンテナンス、道路交通システムのメンテナンス、駐車場関連機器の販売・メンテナンス、高度医療機器の販売・メンテナンス
U　R　L：https://www.open-nes.co.jp/

株式会社ユウワ

精密樹脂成形部品の生産・金型設計はトップクラス
——中国、ベトナムに現地法人、海外に技術発信

ここに注目！

▶ コネクタやカメラ部品など繊細な技術が求められる製造・加工で高い技術を持つ

▶ 女性に焦点を当てたエンジニアリングの育成プログラムを展開

ユウワは精密樹脂成形部品生産を金型製作から一貫して手がける。スマートフォンやタブレット、ウエアラブル端末、ゲーム機などのカメラ関連部品や内蔵されるコネクタなど微細精密プラスチック部品を生産する。繊細な技術が求められる製造・加工技術は世界トップクラスだ。

デジタル化が進み、スマートフォンやタブレットは生活に欠かせないアイテムになっている。持ち運びに便利な軽薄短小化が要求され、高機能化も同時に進む。コネクタの金型はミクロン単位の精度が要求され、高い技術で作るには優秀な人材の確保や育成が求められる。渡辺稔社長は「日本、中国、ベトナムに工場を持ち、世界規模のマーケットに対応している。技術レベルや製品の大きさから判断し、最適地での生産をお客さまに提案している」と語る。

事業転換が拡大の契機に、ITバブル崩壊から復活

同社は1975年に設立した。通信機用のリレー部品を手がけていたが、2000年ごろに発生したITバブル崩壊の影響で売上高は低下。しかし、携帯電話用のコネクタに転換したことで、業績は改善に向かう。フレキシブルプリント基板（FPC）コネ

クタの最小ピッチは0.175ミリメートル。金型のコアピンは0.075ミリメートルと髪の毛より細く、微細で精密な技術が必要となる。金型1セットを製作するにあたり部品点数は多いもので1500以上に上る。累積誤差を限りなく「ゼロ」にする技術は差別化につながる。デジタル変革（DX）の波が広がり、新しい技術が生み出される。難易度の高い部品を作る技術が顧客拡大に寄与している。

グローバル経営を展開する。03年、中国に合弁会社を設立。07年にはベトナムに独資で進出した。連絡を密に取ることで、競争力をさらに引き上げる。

中国の友華精密電子（呉江）有限公司（ゆうかせいみつでんしゆうげんこうし）は03年に台湾AUDIX（オーディックス）との合弁で会社を設立した。430名体制で精密部品の生産を手がける。20歳代の社員が多く、社内は活気であふれている。ベトナムは09年に操業を開始した。南部ビンズン省のベトナム・シンガポール第2工業団地内に工場を建設し、日本、中国と同様の無塵化システムを導入する。同国では18年、ファクトリーⅡが本格稼働した。1立方フィートの空気中に微粒子が1万個以下の「クラス1万」と呼ばれるクリーンルームを検査室に導入。さらに大手ゼネコンの清水建設と組み、工場の外壁にベトナム国産初の軽量気泡コンクリート（ALC）パネルを採用。工場全体のクリーン度を向上させている。

19年には富士フイルムとの合弁会社富士フイルム・ユウワ・メディカル・プロダクツ・ベトナムを設立。医療分野への進出も果たし、グローバルな発展を続けている。

女性社員の育成プログラムを展開、脱リケジョ

社員の育成方法はユニークだ。理系出身のエンジニア「リケジョ」が広がる中、文系出身の女性社員にも裾野を広げ、社員教育にも当たる。少子

代表取締役
渡辺　稔さん

ミクロン単位の製品を手がけるため衛生面に高い配慮

超精密金型加工技術 雪の結晶はひとつが3mm程度の大きさ

化の影響でエンジニアに必要な機械を専攻する学生が減っているため、工学系を専攻してない文系の男性・女性社員も採用している。未経験者でも働きやすいと感じてもらえるようにいくつかの取り組みを行っている。渡辺社長は「ユウワ独自の『コツ消し』と名付けた難易度の高い技術であっても全社員が習得できるよう技術の勘やコツをつぶし手順に落とし込むようにしている」と語る。

さらに、女性社員が産休・育休が取りやすく復帰もしやすい職場環境を目指している。育休中でもテレワークを生かすこともできるよう取り組んでいる。数値制御（NC）プログラム作成、電極設計、金型設計、管理の一部業務では、パソコンと通信環境さえあれば可能だ。給与面では休暇前の水準を考慮する体制を整備している。

取り扱う部品が微細なことも働きやすさにつながる。一部は数百キログラムに上るものもあるが、1グラムに満たない金属部品が多く、指先やピンセットで扱うことが求められる。そこで現場の従業員の声を生かし、手が荒れない、汚れないようゴム手袋を配布するよう工夫した。

一方で、環境経営にも力を入れる。工場で使用する電力は、主に長野県内で生み出される再生可能エネルギー由来の「信州Greenでんき」に切り替えた。二酸化炭素（CO_2）の削減量は年間で約20万

本の杉の木が吸収する量に相当する。本社工場の屋根には太陽光パネルを設置した。工場のインフラに関わる照明や空調、冷却水などの設備はすべて省電力化したほか、建物の窓や外壁などの環境対策にも取り組んだ。本社工場の電力量はピークの08年と比べ、約10％以上の削減を継続している。

精度の高い技術力が求められるため、環境への配慮も高く、周辺の企業とともに地域の美化活動にも積極的だ。さらに、材料を工場の3階から送り込む仕組みを取り入れ、ちりが入り込まない工夫を施している。成形機を設置したフロアには高性能メッシュフィルターを備え工場内クリーン度にも配慮する。また、誤差1ミクロンの精度を追求するため、工場内の温度はプラスマイナス0.5℃の恒温室にしたほか、床は機械の防振対策を施し、加工作業に適した環境を整えた。生産効率は目標を月720時間稼働（24時間×30日）とし、段取り時間を最短に抑えることで700時間以上の実績を出している。それは売上に対する電力量の削減にもつながる。全社員は毎朝、掃除を行う。取り扱う製品がミクロン単位のため、ちりひとつが製品に影響を与えかねない。一人ひとりが社内美化に取り組むことで、高い品質を維持する。「やってみたかやりもせんで」何事にも挑戦する文化を根付かせ挑戦を続ける。

会社DATA

所　在　地：長野県小諸市西原700番地1
設　　　立：1975年3月22日
代　表　者：代表取締役　渡辺　稔
資　本　金：4400万円
従 業 員 数：1910名（連結）
事 業 内 容：プラスチック成形用金型設計・製造、プラスチック成形加工
会 社 Ｕ Ｒ Ｌ：http://www.yuwa-net.co.jp/
関 連 会 社：友華精密電子（呉江）有限公司、YUWA VIETNAM Co.,LTD.、FUJIFILM
　　　　　　　YUWA MEDICAL PRODUCTS VIETNAM COMPANY LIMITED

株式会社ユウワ

機械技術の修得に日々努力、海外勤務が将来の夢に

金型事業部 金型加工1課 マシニンググループ　佐藤　涼さん
（金沢工業大学卒、2015年入社）

　大学時代は機械関係を専攻しました。社会人でも技術を生かしてみようと心に誓い、入社を決意しました。ですが、学生時代と異なり実際に機械を操作してみると、思った以上に大変でした。機械操作は学生時代より難しく、戸惑うことが多かったです。しかし、研修で先輩が親切に指導に当たってくれ、その後もサポートしてくれています。質問を投げかけると、実際の作業で指導してくれました。年は一回り近く離れていますが、今でも技術を教えてもらっています。

　現在は大小さまざまな部品を加工する業務を担っています。多様な製品を手がけるため、他部署との綿密な連携も必要です。自分が携わった製品が使われているのを見ると、社会貢献になったと自信を深めています。

　将来はベトナムでの勤務を希望しています。ベトナム語を習得するため、単語を暗記するなど語学力を鍛え上げています。今の技術をさらに磨き、将来はグローバルな舞台で活躍をしたいです。

若手社員が即戦力として活躍、海外勤務にもチャンス

金型設計部 グループ長　小林　仁さん
（金沢工業大学卒、2016年入社）

　この会社を選んだ理由は、若い社員が多く、入社1年目から即戦力として第一線で働くことができると思ったからです。若いうちからさまざまな経験を積めることは貴重なことです。能力や成果に応じて評価されるシステムがあり、やる気がある人はどんどん成長することができます。

　私はスマートフォンなどに搭載されるプラスチック製品を成形するための金型を設計しています。お客さまから頂いた製品図面を基に打ち合わせを行います。その後、社内で設計会議を開き、仕様を決定します。金型設計は実際に良品としてお客さまに届けるまでが仕事で、今の仕事に責任感とやりがいを感じています。

　マザー工場である日本工場で定着した技術は海外工場に担わせ、役割分担も可能になりました。海外と協力することで、より高い技術や品質を維持することができ、より可能性が広がる会社だと感じています。海外で働いてみたいと考えている人にもチャンスがあると思います。

学力を生かして日本と現地法人をつなぐ
エンジニア

金型設計部　Nguyen Dinh Tri（グエン ディン チィ）さん
（信州大学大学院修了、2021年入社）

　私はスマートフォンやタブレットに欠かせないプラスチック部品を作るための金型設計に従事しており、現在入社2年目です。ベトナムの出身で、日本語を習得したバイリンガルです。ベトナムの現地法人であるユウワベトナムが抱える問題点を解決するため、双方の橋渡しを担う "ブリッジシステムエンジニア" の担当もしています。

　入社の決め手は新規技術を活用してチャレンジできると思ったからです。設計の仕事は専門知識が求められ、業務を通して私自身の成長につながると確信しました。さまざまな業務を体験できるのも魅力的で、やりがいを感じています。たとえば、プラスチック品成形作業、部品外観検査、画像機オペレーター、金型駒加工作業、梱包自動機オペレーター、金型組み立てなどが挙げられます。生産する部品は電子部品だけではなく医療部品、自動車部品もあり、多くの専門的な知識を学ぶことができます。ベトナムに現地法人があり、同国で勤務するチャンスもあります。

文系出身者をエンジニアに、
育成プログラムを展開

金型事業部 金型加工2課 ワイヤーグループ　小澤 茜里さん
（松本大学松商短期大学部卒、2021年入社）

金型事業部 金型加工1課 放電グループ　木内 京花さん
（上田女子短期大学卒、2021年入社）

金型事業部 金型加工1課 マシニンググループ　高塚 あみさん
（清泉女学院短期大学卒、2021年入社）

（高塚さん）　（木内さん）　（小澤さん）

　女性社員に活躍の場を与える。文系出身の女性社員にもエンジニアとしての育成プログラムを開始した。現在、プログラムに参加する3人の「エンジニアの卵」に話を聞いた。

　木内京花さんは「不安もあったが、先輩が優しく接してくれて次第に不安が消え去っていった」という。学生時代は保育を専攻したが、モノづくりに興味を持ち始め入社した。学生時代以上に学ぶことが多いが、充実した日々を過ごす。

　小澤茜里さんは「入社の理由は女性の多さ。活躍の場があると思った」と振り返る。就職活動中に出会った先輩からのひと言に心が揺れた。今では新しいことを吸収するため、先輩に質問する機会が増えた。一度聞いたことでも親切に教えてもらえ、コミュニケーションは円滑という。

　高塚あみさんは「これまで触れたことがなかったCADを活用し、電極設計をしている。使い方を周りの先輩が優しく教えてくれる。今後は後輩の育成にも力を入れたい」と将来の夢を語る。

IT ソリューション

株式会社アルゴグラフィックス

日本の、そして世界の「ものづくり」をITでリードする
──「ものづくりの進化」が社員全員の原動力に

記者の目

ここに注目！

▶ 顧客の課題を解決する一気通貫のサポート体制が強み

▶ 3次元CAD「CATIA」の国内トップクラスの取扱い実績

アルゴグラフィックスは、製造業の抱える課題に対してさまざまなソリューションを提供する"提案型"のIT企業である。仏ダッソー・システムズ社の3次元CAD「CATIA（キャティア）」やPLM（プロダクトライフサイクルマネジメント）ソリューションなどのソフトから、システム構築のためのハードまで多岐にわたる商品を取りそろえ、豊富な知識をもつ技術スタッフによりワンストップでソリューションを提供できる点を強みとしている。ものづくりのDX（デジタルトランスフォーメーション）に対するニーズが高まる中で存在感が増している企業と言える。

プラスアルファの提案力

同社の主力事業は、製品設計や解析で使われるCAD/CAM/CAEの販売・サポート。中でもCATIAは国内No.1の取扱実績を誇り、国内の自動車メーカー、自動車部品メーカー、家電精密メーカーなど数多く納入している。競合の販売会社は多いが、「『CADを使いやすくしてほしい』といったお客さまの要望を実現するだけでなく、プラスアルファの提案ができるのが他社との違い」と石川清

取締役 常務執行役員 技術本部 本部長
石川 清志さん

志取締役は語る。

そんな同社が近年積極的に顧客へ提案しているのがPLMソリューション「3DEXPERIENCE（3Dエクスペリエンス）」だ。導入により、設計データを誰が、いつ書き換えたのかを容易に管理できるほか、流用設計に際して過去の部品に関する情報をすぐに参照できるので設計業務の効率化につながる。同社では3DEXPERIENCE専任のエンジニアが顧客の要求に応じてシステムを構築し、業務の効率化や競争力アップをサポートする。また、AI（人工知能）やGPGPU（ジェネラルパーパスグラフィックプロセシングユニット）など、最先端のIT技術を顧客に有効活用してもらうための研究開発なども着々と進めている。

ITとものづくり、両方を学ぶ

同社では、毎年10〜20人の新卒採用を行っている。IT企業というと情報系の知識が必須というイメージがあるが、石川取締役は「IT業界で一生懸命やろうという気持ちがあれば、専攻は問わない」と言い切る。求めるのは「基礎をしっかり学んで、それを応用できる人」。顧客の要望にいかに応えるかが問われる技術職には大切な資質だという。

専門性が高い職種のため、OJTやeラーニングを活用した社員教育に力を入れているが、特徴的なのはIT技術だけでなく顧客である製造業の仕事も学べるようになっている点だ。新入社員研修では自動車メーカーの工場見学が用意され、配属後も顧客を訪問して製品や工場を見せてもらう機会は多い。変化の激しいIT技術と生産技術の2つを学ぶ苦労はあるが、「働く中でシートやハンドル、インパネなどさまざまな製品に携われるのは、この仕事の魅力の一つ」（石川取締役）。実際、同社ではクルマ好きの社員が多く、自然とも

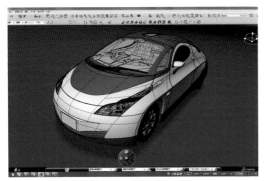
3次元CAD「CATIA」による設計イメージ

フリーアドレスを取り入れたオフィスの様子

のづくりの知識も豊富になるため、社内のさりげない雑談から仕事のヒントが生まれることもあるという。

　主要顧客である自動車業界でEV（電気自動車）化や自動運転技術の進展といった変革が進む中、今後の課題は変化への対応だ。自動車メーカーの抱える課題が従来のメカニカル（機構）中心から

エレキ（電気）を含むエレメカ連携、組込みソフト、さらにEVのバッテリーによる電磁場解析など、多岐にわたる新たなニーズも予想されるためだ。同社ではこうしたニーズに応えるだけでなく、最先端のIT技術で製造業をリードする姿勢も鮮明にしており、意欲のある若手人材を積極的に採用していく方針を掲げている。

──┤ 理系出身の**若手社員**に聞く ├──

サポートを受けながら挑戦もできる環境

PLM SI統括部 PLM基盤部 3Dex基盤室
相馬 伝説さん（2018年入社）
（つぐのぶ）

　弘前大学理工学部を卒業し2018年に入社しました。製造業をIT技術で支援できる仕事に就きたかったのと、良い意味でベンチャー気質があり、挑戦できる環境だと思ったのが理由です。今は、PLM製品の構築とその基盤となるサーバーシステムの構築などに携わっています。担当領域の責任は重いですが、提案した内容をお客さまの環境で実装できたときはやりがいを感じます。お客さまにとって何がより良い提案かを先輩や仲間と話し合う過程も楽しいです。

会社DATA

所　在　地：東京都中央区日本橋箱崎町5-14　アルゴ日本橋ビル
設　　　立：1985年
代表者氏名：代表取締役会長 兼 CEO　藤澤 義麿
　　　　　　代表取締役社長 兼 COO　尾崎 宗視
資　本　金：18億7300万円
従 業 員 数：508名（2021年3月31日現在）
事 業 内 容：3次元CADの販売・サポート、PLMおよびHPCソリューションの提供
会 社 U R L：https://www.argo-graph.co.jp/

ARGO GRAPHICS
株式会社 アルゴグラフィックス

株式会社AIS北海道

デジタルエンジニアリングでものづくりをリード
—— "チーム力" で顧客とともに将来技術に挑む

記者の目

ここに
注目
!

▶ 北海道にいながら自動車開発の一翼を担うエンジニア集団

▶ 社員の資格取得を推奨し、定期勉強会でスキルアップも

AIS北海道は、製造業向けソフトウエアやサービスを提供するアルゴグラフィックスのグループ企業として、CADを用いた設計やCAEを用いた解析などのデジタルエンジニアリング事業を主力とする。アルゴグラフィックス会長兼CEOで、AIS北海道の社長を兼任する藤澤義麿氏が北海道北見市出身だったことから、「工業系の大学や工業高等専門学校が多い北海道に理系学生が力を発揮できる場を作りたい」と2005年に同社を設立。以来、北海道では数少ないデジタルエンジニアリング企業として、自動車メーカーを中心に航空・宇宙、建機・重機、建設など幅広い分野の設計開発業務に携わっている。

幅広い業務を担う総合力が強み

ものづくりの設計や技術開発を担う同社は総合力が強みだ。現場を統括する髙嶋英厳常務は、「CAEに用いるモデルの作成から実際の解析、および実験による評価、解析結果をもとにした分析や構造検討までを一貫で請け負える」と自信をのぞかせる。また、顧客の抱える課題を顧客と一緒に解決していくスタンスを重視。設計や解析の

"結果"を提供するだけでなく、「部品を軽量化する際の設計手法を構築したい」といったニーズにも対応し、近年は、効率化のためのCAD/CAEの自動処理システムの開発にも力を入れる。

大学との共同研究に積極的に参画しているのも特徴だ。北見工業大学など4大学2企業で包括連携協定を締結し、カーリング競技で使う「ストーン」と呼ばれる丸い石が氷上を滑る物理的メカニズムの解明を進めている。北海道大学とも共同研究を行い、自社の技術力向上につなげている。

楽しみながら技術力をアップ

同社は社員一人ひとりのレベルアップを重視し、多彩な取組みを行っている。3カ月間の新入社員研修では、設計や解析の道具であるソフトの操作を覚えるだけでなく使ううえでの考え方も学ぶ。担当部署に配属されてからはOJTに加え、四半期ごとに開催の社内講座で技術力に磨きをかけることも可能だ。社員の資格取得も推奨。計算力学技術者や機械設計技術者、技術士、情報処理技術者の4資格については特に力を入れて取得を後押しする。

常務取締役
髙嶋 英厳さん

※ This model has been developed by the NCAC of the George Washington University under a contract with the FHWA and NHTSA of the US DOT.

自動車を中心に幅広い分野の高度な設計・解析業務に取り組む

「R&D（研究開発）活動」と称したユニークな取組みも。「VR（仮想現実）を使った情報共有手法の確立」「AIを使ったメールの文章の分類」などのテーマを設定し、社員が楽しみながら自分のペースで研究することで成長を促すという。

毎年3〜5人の理系学生を採用する同社が学生に求めるのはコミュニケーション能力だ。「CAD/CAEを使った業務というと、パソコンに向かい孤独に仕事をするイメージだが、実はチームでディスカッションする機会が多い」と髙嶋常務。自動車1台を丸ごとモデル化するような大規模な業務では、知恵を出し合う必要があり、当然チームで仕事を進める。同社が幅広い業務を一貫で請け負えるのも、チームの力があってこそだ。

製品が高機能化し、品質保証の強化も求められる中、主要顧客である自動車メーカーが取り組む設計や技術開発は、複雑かつ高度になっている。同社では、高度なCAE技術の追求や自動処理システムの開発に注力し、今まで以上に総合力を高めていく。

┤ 理系出身の**若手社員**に聞く ├

北海道の外にも可能性が開かれている

第一技術部 DE6ユニット　浅野 裕也さん（入社5年目）

釧路工業高等専門学校専攻科を卒業し2017年に入社しました。今は、CAE解析モデルの作成や実際の解析・評価、モデル化手法の検証などを担当しています。当初は機械分野の知識が不足していましたが、仕事に取り組む中で知識も増え、成長できた実感があります。当社は北海道に根差しますが、世界に名だたる自動車メーカーとの業務を通じた成長の可能性が広がっています。最先端の設計・解析業務を道内外で経験できるのが魅力です。

やりがいがあり長く働ける職場

第一技術部 DE7ユニット　佐藤 佳美さん（入社6年目）

地元の北海道での勤務と工学系の職種を希望していたところ、設計・解析が中心で長く働ける当社に出会いました。北見工業大学大学院を修了して2016年に入社し、今は建物内の換気効率やロケットの空気抵抗などを検証する流体解析を担当しています。解析結果の妥当性を確認する作業は知識が必要な難しい業務ですが、やりがいもあります。仕事を通じいろいろな産業分野と関われるのも楽しいです。

▌会社DATA▐

所　在　地：北海道札幌市北区北7条西1丁目1番2号
　　　　　　SE札幌ビル4階
設　　　立：2005年
代表者氏名：代表取締役　藤澤 義麿
資　本　金：7100万円
従 業 員 数：66人（2021年10月1日現在）
事 業 内 容：CAD/CAEデジタルエンジニアリングサービス
U　R　L：https://www.ais-hokkaido.co.jp/

AiS HOKKAIDO
株式会社AIS北海道

株式会社CAD SOLUTIONS

機械設計業務のDXに貢献するソリューションサービスに注力
──販売開始から36年。ユーザーに支持され続けるCAD製品を展開

記者の目

ここに注目！

▶ 業務拡大中のソリューション事業で多様なスキルを習得

▶ 気兼ねなく周囲に相談できる風通しの良い職場環境

製造業向けITソリューションを手がけるCAD SOLUTIONSは、アルゴグラフィックスの100%子会社として、日本アイ・ビー・エム・サービスより2次元CAD「MICRO CADAM（マイクロキャダム）」の事業を継承し、2016年に設立された。その後、新たにソリューションサービス事業、3次元CADの世界シェアトップクラスと言われる「SOLIDWORKS」の販売・サービス事業を始め、MICRO CADAM製品の開発・販売・サポートと合わせた3つの事業を柱としている。東京本社と大阪事業所の2拠点を構え、社員数は61名の体制だ。

国産2次元CADの草分け

設立6年目の若い会社だが、沿革を見ると1984年に川崎重工業と米CADAMの合弁会社として設立されたキャダムサービスを起点とすることがわかる。CADは、機械の設計業務に欠かせないITツールの代表格だ。キャダムサービスが開発し、日本アイ・ビー・エムが1985年に発売したMICRO CADAMは、国産2次元CADの草分けとして、これまで大企業から中小企業まで多くの製造業で活用され、累計ライセンス数は75,000を超

代表取締役社長
星野 則恒さん

える。現在2,000社以上に導入され、15,000以上のライセンス数を誇り、ユーザーからの機能拡張の要望やパソコン性能の向上、JISの改訂などを反映した新バージョンを毎年リリースし続けている。年に1度開催するイベント「CAD SOLUTIONS FORUM」には大勢のユーザーが参加する。

星野則恒社長はMICRO CADAMが顧客に支持される理由について、「設計者の思考を妨げないように直感的な操作性を追求したこと。専用のファンクションキーボードを用意し、図面を描くために必要な各種機能を素早く選択できる。マウスとファンクションキーボードの両手を使った無駄のない操作が可能」と語る。星野社長はキャダムサービスに新卒で入社し、MICRO CADAMの開発やソリューションサービスなどを経験してきた。同社には、星野社長と同じく、MICRO CADAMに長年携わってきたベテラン社員も多い。

顧客のDXを推進

今後、製造業では、デジタルトランスフォーメーション（DX）による組織やビジネスモデルの変革が進んでいく。顧客のDXの実現に向けた最適なソリューション提案が求められてくる中、同社が特に力を入れているのがソリューションサービス事業だ。主にMICRO CADAMのユーザーに向けて、既存の設計・データ管理方法を改善するシステムのほか、3次元設計環境の導入支援や2次元設計と連携するためのシステム、さまざまな業務データを一元管理するシステムなどを開発する。これまで、顧客ごとに多様な納入実績があり、ほかの事業と協業するケースも多い。

星野社長が理系新卒者に期待するのは「まずはITの仕事への好奇心。次に顧客の要望を引き出し、理解して、システムとして正しく実現するための、コミュニケーション力、国語力、想像力」

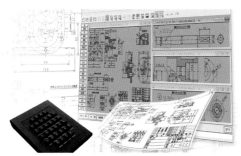

35年以上の歴史をもつ国産2次元CAD「MICRO CADAM」　インターンシップでは、MICRO CADAMの操作も体験できる

と話す。システムを構築するためのプログラミングスキルについては、入社後に3カ月にわたる手厚い研修が用意されているので、未経験でも心配はいらない。若手の比率がまだ低い同社では、研修終了後も先輩社員によるOJTによって1歩ずつ成長できるような教育体制をとっている。

　子育て中の女性技術者も活躍できるように時短勤務制度が設けられているほか、無理な納期や人員でのプロジェクト計画は設定されないため残業時間も少なく、仕事とプライベートを両立できる。スキルアップを目指して資格の取得に励む社員も多い。外資系企業と日系企業それぞれの良さを併せ持った職場だと言える。

　2日間のインターンシップも毎月実施していて、業界動向や自社事業の説明、要件定義のロールプレイやディスカッション、MICRO CADAMの操作体験などを盛り込んでおり、参加者から好評を得ている。

　「『製品やサービスを通してお客様の成功に貢献する』こと、『社員一人ひとりが研鑽を積んでお客様に求められる人材を育成する』ことが当社の理念」（星野社長）。これからも顧客に寄り添った提案ができる企業を目指す。

┤ 理系出身の**若手社員**に聞く ├

お客様と近い距離で関わり合い、自分の成長を実感できる仕事

ソリューションサービス本部　PLMコンピテンシーセンター
第1グループ　システムエンジニア　田島 朋輝さん（2018年入社）

　歴史のあるMICRO CADAM製品に興味を持ったことなどが志望のきっかけです。プログラミングは3カ月の研修で基礎を習得し、OJTで応用力を身に付けました。業務を通して学ぶことが多く、日々の成長を実感しています。今は、お客様が使用するCADデータの解析自動化ツールの更新作業に取り組んでいます。1つ前の仕事はお客様のCADデータの保存先を全面的に移行する大掛かりなものでしたが、無事完成し、とても感謝してもらえました。仕事の成果がお客様に評価されることにやりがいを感じています。

■ 会社DATA

所　在　地：東京都中央区日本橋箱崎町5-14　6F
設　　　立：2016年1月12日
代　表　者：代表取締役社長　星野 則恒
資　本　金：9000万円
従 業 員 数：61名
事 業 内 容：MICRO CADAM製品の開発/販売/保守サポート、PLM関連サービスの
　　　　　　提供、SOLIDWORKS関連製品/サービスの提供
U　R　L：https://www.cad-solutions.co.jp/

株式会社KSK

ハード・ソフト・ネットワークを融合
——技術力×人間力で高品質のサービスを提供

記者の目

ここに注目!

▶ 半導体設計から業務システム開発、通信インフラの設計・構築まで幅広い事業領域

▶ チーム制を基本とした絆を強化するさまざまなエンゲージメント施策

デジタル社会の進展を追い風に
ビジネスチャンスが拡大

半導体製品などの設計から、各種業務システム開発、企業のネットワーク構築・運用まで幅広いビジネスを展開するKSK。新型コロナウイルス感染症の拡大により非接触型の生活や働き方を求めるニーズが高まり、政府による社会のデジタル化の推進もあり事業機会は広がっている。

牧野信之社長は「コロナ禍をきっかけに日本社会のデジタル化の遅れが明らかになり、当社にはたくさんの仕事が寄せられている。デジタル社会の構築に向けて、我々が貢献できる分野が広がっている」と話す。

KSKの事業は多様な半導体製品・メカトロニクスの設計を手がける「システムコア事業」、システム開発・インフラ構築・システムの運用保守を担う「ITソリューション事業」、通信インフラの設計・構築・運用をカバーする「ネットワークサービス事業」が3本柱。3つの事業を融合させ、社会や顧客のニーズの変化に合わせた柔軟なビジネスを展開している。

代表取締役社長
牧野 信之さん

2021年3月期はコロナ禍にもかかわらず、売上・利益とも7期連続の増収増益。好調の背景には成長分野への積極的展開が挙げられるが、最大の要因は、長年にわたって取り組んできた、技術力と人間力とのバランスが取れた人材育成システムの強化にある。

技術力と人間力のバランスが取れた人材育成制度

KSKは人材の確保と育成をグループ経営の最重要課題の1つに位置付ける。そのため、将来の事業発展に欠かせない新卒社員などの採用活動についても積極的に推進。新卒新入社員に対しては、KSKグループ独自の研修機関「KSKカレッジ」で最新の技術動向に対応した研修を実施している。KSKの人材育成方針については、「エンジニアは技術力も大事だが、同じように人間力が必要であるという考え方が根底にある」(牧野社長)。個人が持っている技術力を成果として発揮するために、技術力と人間力のバランスの取れた指導を常に念頭に置く。

また、新卒社員一人ひとりに対しては、生活面を含めたさまざまな悩みを相談できる「アソシエイト」と、技術面を指導する「OJTリーダー」の2人が任命される。牧野社長はこうした教育システムを導入した狙いについて、「社員に孤独感を味わわせない、社員を孤立させない。そういう組織運営をしたいからだ」と力説する。

新卒社員は入社後5カ月間、ビジネスマナーやチームワーク、ITの基礎などを学んだあと、技術的な専門研修に入り各種の資格取得にチャレンジする。その後もスキルロードマップをベースとした成長に向けた一人ひとりのキャリアプランが展開される。

SDGsやエンゲージメントを重視した
人間中心の経営

牧野社長は「当社は関心が高まっているSDGs

技術力と人間力、バランスの取れた研修制度

チーム会議は情報共有だけでなく成長の場にも

（持続可能な開発目標）やエンゲージメント（信頼・共感）について、SDGsが策定される10年以上前から取り組んできた。経営理念として掲げる『敬天愛人』は人間中心の経営を実践することなんです」と説明する。「良い企業風土や良い人間関係が築かれていないと、良い仕事ができない」と牧野社長が語る通り、KSKではチームで共に協力しあいながら、顧客に貢献するという姿勢を貫く。

　コロナ禍での従業員の孤立化を防ぐためのエンゲージメント施策の一環として、KSKではオンライン版のバーベキュー実施に対する補助金制度を導入するなど、社内コミュニケーションの活性化を支援。社員同士が褒め讃え合う「Smileカード」という仕組みが社内システムに組み込まれていたり、この他にも仲間と同じ本を読んで相互理解を深め合う読書会などがあったりする。また、KSKは経済産業省・東京証券取引所による「健康経営銘柄」に3年連続で選ばれ、経済産業省・日本健康会議が共同で選出する「健康経営優良法人（ホワイト500）」にも5年連続で認定された。牧野社長は「これからも社員の健康維持と生産性の向上の同時実現を図りたい」と前を向く。

| 理系出身の**若手社員**に聞く |

頼れる先輩・上司と共に
チームで仕事ができる

プラットフォームエンジニアリング事業部
中山 幸聡さん（2017年入社）

　ネットワークインフラの設計や技術情報のコンサルテーションをしています。入社後にネットワークインフラの構築や検証などを担当した後、2019年6月に現職に就き、今年からチームリーダーを任されています。入社後に社内の資格取得奨励制度を活用し「仮想化」に関する資格を取得しました。実装が難しいと言われた（お客様からの）要求に応えられた時は、やり甲斐を感じます。当社の魅力は「チーム制」です。頼れる先輩・上司に囲まれた環境で成長することができ、実際に社員一人ひとりを孤独にさせないという風土を強く感じています。

会社DATA

所　在　地：東京都稲城市百村1625-2（拠点：日本橋・新宿・川崎・
　　　　　　さいたま・浜松・刈谷・関西・熊本）
設　　　立：1974（昭49）年5月
代　表　者：代表取締役会長　河村 具美、代表取締役社長　牧野 信之
資　本　金：14億4846万円
従 業 員 数：2278人（連結、2021年9月）
事 業 内 容：システムコア事業、ITソリューション事業、ネットワークサービス事業
U　 R 　L：https://www.ksk.co.jp/

株式会社Ｃ＆Ｇシステムズ

若い力で次世代のモノづくりに挑戦
──技術革新と人材育成を両輪に業界トップをひた走る

ここに
注目
!

▶ **インターンシップ型アルバイト採用で入社後即戦力**

▶ **成長には既存の枠にとらわれない新戦力を積極投入**

「生産性の限界に挑戦する」を社是に掲げる金型向け国産CAD/CAM（コンピューター利用設計/製造）システム大手のC&Gシステムズは、若手技術者の採用を積極的に進めている。北九州（北九州市八幡西区）と東京（東京都品川区）の2本社制の強みを生かし、首都圏と西日本双方の優秀な技術者を通年で採用している。2019年秋からは九州工業大学が始めたインターンシップ（就業体験）型アルバイトの受け入れ企業として同大学生を採用するなど、優秀な学生の囲い込みにも余念がない。

モノづくりの衰退に危機感

小島利幸取締役管理統括部長は「これまでの一般的なインターンシップ事業と違って、インターンシップ型アルバイトは学生と長期のお付き合いが可能になる。卒業後に採用できれば入社後教育が短縮でき、即戦力になるというメリットもある」と期待する。

そんな同社は今、強い危機意識を抱いている。金型用CAD/CAMシステム大手とはいえ、電機や半導体などかつて栄華を誇った日本のモノづくり

代表取締役社長
塩田 聖一さん

産業の多くが衰退し、製造拠点も海外移転が進む。一方でIoT（モノのインターネット）の進化は進み、世界の製造技術は大きな変革期を迎えている。こうした中で小島取締役は「今の製品が10年後、20年後もリーディングであり続けるかどうかは分からない。そのためにも新しい製品や技術を若い人たちが生み出していかなければならない」と考えている。

進むフレッシュな人材登用

同社が金型に次ぐ柱に期待しているのが部品加工市場だ。19年に機械部品加工に利用する2次元・3次元融合CAMシステム「PartsCAM（パーツキャム）」を開発、同市場に本格参入した。金型に近い、量産加工分野にも自社ソフトウエアが活用できると判断。工作機械を利用した加工ソフトはいまだ海外製が多く、中小企業にとって決して使い勝手が良くないことも参入を後押しした。

塩田聖一社長は「業容拡大に向けてすでに複数のプロジェクトを立ち上げている。金型に隣接する市場には量産に関わる多くの分野がある」と期待する。ここで塩田社長が指す複数プロジェクトこそが、成長の鍵となる。そこには既存の枠にとらわれない新しい血が必要で、若い人材の登用が進められている。

期待の新星が開発本部研究開発部の田中耕太さんだ。田中さんは九州大学大学院理学府地球惑星科学専攻修了後に一度は中部地区の会社に入社した。8年間のシステムエンジニア経験を経て、19年にC&Gシステムズに転職した。

入社後は即戦力としてCADソフトの機能改善業務などに携わる。田中さんは「社員一人ひとりの考えを尊重してくれる。チームもお互いを尊敬し、役割分担も明確化しており働きがいを感じている」と満足している。小島取締役は会社説明会

研究開発部が入居する北九州学術研究都市の技術開発交流センター

社内の人間関係は良好で、考えを尊重してくれる。「働きがいを感じている」と田中さん（中央）は話してくれた

で集まった入社希望者を前に「モノづくり企業は数多くあるが、オリジナルのブランドや製品を持っている企業は10%。ここに該当する当社は自由な発想で開発を任せている」と説いている。モノづくりが好きで、新しいことに挑戦する心を持った人にはぜひ扉をたたいてほしいと望んでいる。

同社は19年、北九州本社に「開発教育センター」を開設、プログラム開発者の育成を始め

た。教育担当技術者2人を配置し、1〜2年かけてじっくりとプロフェッショナルを育てる計画だ。20年には北九州学術研究都市に「研究開発部門」を新設し、開発本部の若手社員を中心にAIや形状処理などの応用研究を始めた。

技術革新と人材育成を両輪として、令和の時代も業界のリーディングカンパニーを維持していく覚悟だ。

┤ 理系出身の**若手社員**に聞く ├

活気ある職場で、若手にも働きがいのある仕事を任せてくれる

開発本部研究開発部　田中 耕太さん（2019年入社）

　現在はSTL（曲面を三角形の集まりで近似したもの）をBREP（滑らかな曲面）とする研究開発に携わっています。

　CADはあらゆる製品のベースですがどうやって作られているのか以前から興味を持っていました。地元の北九州に国内大手企業があることを知り、得意の数学を仕事に生かすことができることも入社の決め手となりました。

　当社は若い社員が多く、活気もあります。転職してすぐの自分に責任ある業務を任せてくれてやりがいも感じています。

会社DATA

所 在 地：福岡県北九州市八幡西区引野1-5-15
　　　　　東京都品川区東品川2-2-24 天王洲セントラルタワー19F
設　　立：2007年7月2日
　　　　　（前身の旧コンピュータエンジニアリングは1978年11月）
代 表 者：代表取締役社長　塩田 聖一
資 本 金：5億円
従 業 員 数：約250名（連結）
事 業 内 容：CAD/CAMシステム、生産管理システムなどの開発・販売・サポート
U　R　L：https://www.cgsys.co.jp

JNシステムパートナーズ株式会社

異業種合併企業で化学×ITの視野・スキル向上
——JSRグループの事業の根幹を支えるシステムを企画、設計から開発・運用・保守に至るまで一手に引き受ける

記者の目

ここに注目！

▶ NECの研修や両親会社の福利厚生などが充実

▶ 良好な働き方の秘訣は「顧客との関係性」

　JNシステムパートナーズ（以下、JNSP）は、親会社JSRグループに特化した化学企業向けITサービス企業である。同社は日本電気（以下、NEC）とJSRの合弁会社で、化学企業に有用となるシステムの企画・提案、設計から構築、運用・保守までのICT技術のライフサイクル全般にわたってサービスを提供している。1986年、日本合成ゴム（現JSR）のシステム部門の分離独立により設立した後、合併やNECなど業界大手による資本参加によって規模を拡大した。2013年に現在の商号となり、体制を確立した。

合弁会社ならではの良さ

　「システム会社によくある"3K"の空気感は薄い。長時間残業・休日出勤は極めて少なく、有給休暇取得率も高く、業界でも高水準を維持した働き方を実現できているように感じる」と、坂本麻実社長は評価する。その秘訣はズバリ「合弁2社の"おいしいとこ取り"をしているから」経営裁量の自由度が高めで、教育制度や福利厚生などは親会社の良い部分を多く取り入れているのは同社最大の特徴と言える。

代表取締役社長
坂本 麻実さん

　また、顧客に寄り添い、高い信頼関係を築き上げている点も働き方の質を底上げしているようだ。「NECの子会社だからとNEC製品のみを提案・活用するわけではなく、良いもので、顧客のためになるサービスを提供するという視点を判断材料にしている」こうした信頼関係から、顧客からの無理な要求を受けることはほとんどなく、有給も取りやすい環境だ。坂本社長自体、社長就任前はNECで製造業向けの営業などをしていた。「当社には古巣とは違う良さがたくさん存在する。2社合弁だからこそ、できることは多い」と分析する。

中長期での方向性

　親会社のJSRグループは、今後ますますグローバルにデジタルソリューション領域やライフサイエンス領域に注力し、高度なIT技術やデジタル技術も積極的に活用して、成長を目指していることから、同社でもそうした分野のシステム構築に対応できるよう、準備を進めている。

　そのために必要な人材育成制度も体系的に整備しており、エンジニアの専門性を磨くことにも余念がない。現在の研修制度では階層別の必須研修のほか、NECグループ内で開講しているEラーニングなどの任意研修の受講を社員全体に推奨している。「まだ検討段階だが、AWSやSAP S/4 HANAといった専門的なスキルを有する社員も育成し、資格に見合った人事制度も整備していきたい」と、坂本社長は考えている。

　この他にも、「今まで親会社2社との人材交流は限定的であったが、今後は、業務スキル、ITスキルをより高めるために積極的に取り組んでいきたい。若手同士で交流させるのは良い刺激になっており、そこから生まれる仕事のアイデアなどもある。そうした場は貴重だ」

来客受付：右奥に見えるのが、顔認証システム

コーヒーを片手に、ゆったりとした時間を過ごせる安らぎの
空間リフレッシュコーナー

"やる気" があれば専攻は問わない

求める人物像について坂本社長は「欲しいのは熱意と協調力。専攻は問わない」としている。業界志望者の母数自体、情報系が大半となるため、同社でも理系出身社員の内訳は情報分野出身者が大部分を占めるが、理系と文系の比率は半々であり、理系でも生命科学系や農学系出身者などITの経験を持たずに入社するケースも少なくない。入社後に行われる新人育成はNECで実施される研修を活用し、2カ月間で基礎ノウハウを身につ

けた後、先輩社員とマンツーマンで行うチューター制度を実施する。このチューター制度で、知識ゼロ状態から1年以上かけて先輩社員の指導を受ける。「先輩の面倒見は良い」と言い、入社から数カ月でプロジェクトを任されるほど力を伸ばした新人もいたという。「顧客やパートナー、先輩社員などとうまく協調し、コミュニケーションを取りながらチャレンジも忘れない。そういう方に来てもらいたいし、そんな人が働いていたいと思える会社に、社長を任されている間にしていきたい」（坂本社長）

| 理系出身の**若手社員**に聞く |

「人を支える」を志に

システム部業務第一課

河野 杏那さん (経営システム工学科卒業人間工学専攻、2015年入社)

管理会計・経費精算システムの運用・保守を担当しています。具体的には、顧客元の売上高などのデータを取りまとめ、顧客側で加工しやすい形に変換する、という役割を担っており、ユーザーの声も直接届きます。人間工学を専攻したため、人を支える仕事に携わろうと考えました。就職活動はIT関係を中心に進め、特定の顧客に特化し信頼関係を築いている点に魅力を感じて入社を決めました。志していた「人を支える」仕事そのものです。学んだ知識自体も役立ててはいますが、学部にとらわれすぎる必要はないです。ゼロからはじめて柔軟なキャリアパスができる当社で、志を見つけてチャレンジして下さい。

会社DATA

所 在 地：東京都江東区枝川1-9-4　住友不動産豊洲TKビル2階
設 立：2013年5月
代 表 者：代表取締役社長　坂本 麻実
資 本 金：1000万円
従 業 員 数：120人
事 業 内 容：システムの企画・提案、設計・構築、機器調達、運用・保守
U R L：https://www.jnsp.co.jp/

化学・素材

株式会社伏見製薬所

ニッチ市場で活躍する化学メーカー
──いつも身近にある製品を手がける

記者の目

ここに注目！

▶ **生活に密着した製品を自社で開発製造販売**

▶ **社員の意見を尊重　それを支える社風**

　伏見製薬所は、1923年創立の工業薬品、医薬品のメーカー。医薬品、医薬品原料、防腐剤・食品添加物、化粧品、電気電子材料などの5事業をメーンとし、どれも自社で開発から製造までできる設備と技術を持ち、販売まで一貫して行う。取引先は国内はもちろん海外まで幅広く、香川県から世界に発信している。

　同社は、ニッチな市場で存在感を放つ。同社が製造・販売するバリウム（胃部X線検査で飲む白い液体）は国内の健診・検診市場で「知らない放射線技師を探す方が難しい」程広く知られ、そのシェアは4割を超えている。防腐剤・食品添加物事業では、炭酸飲料やシャンプー、洗剤の防腐剤として使用される安息香酸ナトリウムなどで国内トップシェアを握る。その他スマートフォンやタブレットの脱ハロゲン化、安全性向上に貢献している有機無機ハイブリッド難燃剤、化粧用パフの原反など、いずれの製品も市場規模は小さいながら日常生活に関わっている。加えて、いずれかの事業の業績が落ちても、他の事業がカバーする事業構成を強みとしている。

独特な研修と社風で社員を育成

　同社が製品開発と同様に力を入れているのが人材

取締役
伏見 俊毅さん

育成だ。新入社員は、自分が担当する製品が世に送り出されるまでの過程を体験できるよう関連部署を入社後約1年間かけて巡り、各部署で先輩から指導を受ける。正式に配属される頃には社内に人脈が自然にでき、仕事の意義も感じられるようになる。

　このほかユニークな社風として、呼称は役職ではなく、社員同士がしばしば「さんづけ」で呼びあう。「当社は組織が平たい会社」と、伏見俊毅取締役は語る。自身も「さんづけ」を抵抗なく受け入れてきたという。「平たい」というだけあり、会社の風通しが良いのも特徴だ。社員同士の距離感をできるだけ近くすることで、他部署と相談しやすい環境作りに積極的に取り組んでいる。

理系こそ営業　若手こそ登用

　同社では理系出身者も営業職として活躍している。「理系の人には、自分たちが製造販売している製品の『価値』というものを、科学という観点から、お客さまに説明でき、かつ使い方を提案し探訪していく姿を求めたい。理系出身者にも営業という選択肢を検討してもらいたい」（同取締役）と、これからの理系出身者に期待をかける。

　若手社員の登用にも積極的で、30代、40代であっても仕事の裁量を持たせている。たとえば、前述の難燃剤の事業化が2007年に始まったとき、当時30代の若手社員が営業責任者に抜擢された。彼は国内外を精力的に巡り、難燃剤の脱ハロゲン化の時流を読み、2012年には事業を軌道に乗せたという。

　「当社は、サイエンティフィックな意味も含めて顧客に誠実に向き合う。科学的な根拠が無い仕事はしない。1事業ごとの売上高は10〜20億円程度だが寡占が可能な（ニッチな）市場の開拓を目指す」（同取締役）と、共に目指す方向が一致する仲間を探し続けている。

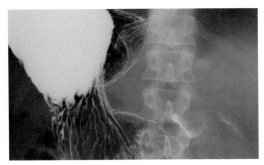

胃部レントゲン撮影（硫酸バリウム服用時）　　　　上空から見た本社工場全景

理系出身の若手社員に聞く

理系出身だからこそできる営業に挑戦する

工業薬品営業部丸亀営業所　高原 聖也さん
（理工学部卒業、2020年入社）

　営業担当者の事務作業のサポートをしております。幼い頃、過敏性大腸炎に罹患した経験から同じ境遇の子どもを助けてあげたいという思いで、当社を志望しました。

　理系ですが、お客さんと距離の近い仕事がしたく営業職を希望しました。当社は科学技術の知識を求められることから、大学で学んだことも生かせます。また、他部署の社員とも話がしやすく、共に仕事に取り組めているのは新人研修での経験からだと思います。資格取得や勉強会などバックアップをしてくれることも当社の魅力の一つです。

経験を通じて、会社の長所がわかった

総務部　勝賀瀬 晃さん（情報工学科卒業、2020年入社）

　社内のPC関連のトラブル処理やシステムの維持管理などを担当しております。システムエンジニア志望だったことと、地元で働きたいという思いから入社しました。一度プログラミングを誤りサーバーをストップさせたことがありました。幸いテストサーバーでしたが、今も忘れられない経験です。システムは一つ変更するだけですべてが変わります。こうしたこともあり、常に会社の全体像を考えて仕事に取り組むよう心がけております。また、周囲の社員と年齢、役職の隔たりなく気軽に相談できるのも当社の良いところです。

会社DATA

所　在　地：香川県丸亀市中津町1676番地
創　　　立：1923年2月
代　表　者：代表取締役社長　伏見 豊
資　本　金：1億円
従 業 員 数：239人
事 業 内 容：製造販売業（医薬品、工業薬品、その他）
U　R　L：http://www.fushimi.co.jp/index.html/

三和シヤッター工業株式会社

シャッター・スチールドアで最大手
──グローバル展開する総合建材メーカー

記者の目

ここに注目！

▶ 充実した研修制度で一から若手を育てる

▶ Eラーニングや IT 講習会でデジタル人材育成

建材の災害対策商品を開発

三和シヤッター工業は、シャッターとスチールドアで国内トップシェアを持つ総合建材メーカー。米国、欧州、アジアでグローバルに事業を展開する三和ホールディングスの中核子会社として、製造技術力、商品開発力、施工力でグループをけん引する役割を担う。1956年の創業から続くシャッター以外にも、トイレブース、住宅用ガレージ、オフィスで使う間仕切など幅広い商品群を扱う。「安全・安心・快適を創造する総合建材メーカー」として社会に貢献している。

近年、注力しているのが、災害対策商品だ。日本に襲来する台風の強さは増す傾向にあり、被害も大きくなっていることから、強風に耐える各種シャッターを「耐風ガードシリーズ」として2020年に市場投入した。また、集中豪雨による浸水被害の甚大化に伴い、建物への浸水を防ぐ防水商品「ウォーターガードシリーズ」では、高強度で、高い浸水にも対応できるよう研究開発に力を入れ、2021年度には防水シャッターの防火・防煙タイプを追加投入した。社会のデジタル化の

情報システム部システム企画グループ
製造システム課課長　志田 宏介さん

流れを受け、スマートフォンや人工知能（AI）スピーカーから開閉操作できるIoT（モノのインターネット）対応の窓シャッター「マドモアチェンジ」も販売している。

新卒採用に関しては、理系の学部の制約は特に設けていない。入社後は、1〜2年間の育成プランで営業や施工現場、設計、工場などの部署を体験した上で、配属先に赴任する。人材育成には特に力を入れており、大学でシャッターやドアなどの知識を得ていなくても、入社後に各種育成制度で商品に関する知識が得られる仕組みを構築している。

モノづくりを支えるシステムを構築

日本の産業界がデジタル変革（DX）に大きく舵を切る中、三和シヤッター工業もIT化を推進している。その先導的な役割を担う部署が情報システム部だ。同部システム企画グループ製造システム課では、モノづくりに関わるシステムの開発や維持・管理を手がける。各工場から新しいシステム構築の要望を聞き取り、整理した上でシステム構築する際の「要件定義」をつくるのが主な仕事内容だ。同課の志田宏介課長は「高いコミュニケーション能力が問われる仕事だ」と説明する。

実際にシステムを作り込むのは協力会社と行うため、プログラミングなどの専門的な知識は問われない。とはいえ、「要件定義」を作り上げる際には、一定程度のIT知識は必要になる。新人が配属されることもあり、最近はサーバーやネットワークなどの知識が学べるEラーニングをはじめ、社内のシステムに詳しい担当者が講師を務める講習会を毎月開き、1年おきに営業や設計、工場などのシステムに対応する課をローテーションするなどデジタル人材の育成に努めている。

ほしい人材像は、「何事も前向きに学ぶ姿勢を持つ人だ」（同）という。IT技術は日々進化して

先輩に質問しやすい企業文化

モノづくり現場の要望を整理し、システムを作り上げる

おり、常に新しい知識を吸収していなければ、時代に乗り遅れてしまう。特に最近は、加速度的に製造業もIT化が進む。「会社の業績向上に寄与す るようなシステムの提案ができる人材を育てていきたい」と志田課長は意欲的な若者の入社を歓迎する。

┤ 理系出身の若手社員に聞く ├

研修で施工現場を経験したことは 大きな学びに

情報システム部システム企画グループ製造システム課

横尾　宙さん（2020年入社）

　大学時代、経営学部だったこともあり、就職活動ではBtoC（消費者向け取引）の会社よりも、BtoB（企業間取引）の会社に入りたいと考えていました。身近ではないけれど、規模が大きく社会インフラを支えており、良い会社が多いと思ったからです。暮らしを支えている三和シヤッター工業を知り、入社することができました。

　入社後、1年間は研修期間です。私は3カ月の集合研修を終えた後、設計部門や施工部門に配属され、現場研修を経験しました。2021年4月から本社で勤務していますが、研修でシャッターの施工現場を体験できたことは、会社の事業内容を知る上で大きな学びとなりました。

　今はシステムに関する仕事に携わっています。理系学生は大学で専門的に勉強をしてきたIoTなどの先端技術に関わることができます。また風通しの良い組織文化で、先輩方に質問をしやすく、わからないことは自分でもまめに調べて、知識を蓄積するよう心がけています。

　三和シヤッター工業は新入社員の研修制度が整っている上、情報IT系の資格など各種資格取得の奨励制度もあり、大学でITを専門的に学んでいなくても仕事をしながら学べる環境にあります。私自身、理系ではないですが、楽しく仕事に取り組めています。ぜひ多くの学生に当社を受けにきてほしいと願っています。

　会社DATA

所　在　地：東京都板橋区新河岸2-3-5
創　　　立：1956年（持株会社化により2007年設立）
代　表　者：代表取締役社長　髙山 盟司
資　本　金：5億円
従 業 員 数：3010人（2021年3月）
事 業 内 容：各種シャッター、ドア、オーバーヘッドドア、住宅用窓シャッター、
　　　　　　　間仕切、エクステリア、ステンレス製品などの製造および販売
U　R　L：https://www.sanwa-ss.co.jp/

シー・エイチ・シー・システム株式会社

地域に根ざしつつIoT技術を海外に展開するプロ集団
──設備、建設、自社商品開発を通して省エネ・快適空間をトータルに提案

ここに
注目
!

▶ 20代で施工管理から商品開発・営業まで幅広い経験を積むことができる

▶ 新たなサービスや商品を開発するベンチャースピリット

　地域の空調設備業から出発し、今では海外に向けて事業を展開する総合エンジニアリング会社に成長したシー・エイチ・シー・システム。同社の渋谷俊彦社長は、「43年前に父が自宅で創業し、少しずつ業態を広げて、空調・換気に加えて給排水衛生、電気など設備全般を扱うまでになった」と説明。子会社として建設会社と意匠設計事務所をもち、小さいながらもグループ経営をしているのが他社にない特徴だ。

　「当社は設備、建設、設計・デザインとトータルでソリューションを提供できる。それぞれの分野で培ったノウハウやネットワークを通じて、世の中にない新たな商品やサービスをつくることができる」（渋谷社長）と胸を張る。建設業は景気に影響されやすいが、設備、建設、意匠設計の機能を有し、公共工事と民間工事、新築・改修・アフターメンテナンス、住宅・商業・学校施設といった幅広いプロジェクトを扱うことに加え、自社製品の開発・販売も手がけているため業績は順調に上向いているという。

　2009年には、室内のCO_2濃度を測定・表示・制御するCO_2モニター・コントローラーを発売。自社ブランドを持つメーカーとしての機能も備えた。渋谷社長は「我々は室内の環境、空気の状態を正確に把握することで、快適で省エネな空間につながる製品やサービスを開発している。室内空気質のデータをクラウドに集め、遠隔監視・制御が可能な新製品『マーベルIoT』の開発に成功した。今後は室内環境のビッグデータを集め、省エネ・快適空間につながる新しいコンサルティングサービスも提供することで広く社会に貢献したい」と話す。

20代の社員が最多で全社の3分の1を占める

　同社では、理工系大学卒などの技術系は入社後2、3年間、設備・建築施工の現場で知識や経験を積んでもらう。「人材育成の観点から、現場経験はとても大事だと考えている。まずは現場を知り、知識を蓄えることが大切だ」と渋谷社長。

　ひと通りの知識や経験を身につけると、優秀な人材には小さな現場からトップを任せていく。その狙いは「小さな現場であっても、現場所長になると、模擬的な経営者の経験が積める」（渋谷社長）からだという。積算から予算を組み、工事工程や人員を管理するといった業務が学べる。その一方で本人の適性や希望などを踏まえ、「技術者としての専門性を備えた」人材として、営業職へのキャリアも選択できるという。

　同社は20代の社員が全社の約3分の1を占める。渋谷社長は若手に対し、「自分自身の成長のために仕事をするという気概を持って働いてほしい」と本音を語る。若手が実力をつければ、転職が当たり前の時世だが、これに対し「会社は力のある社員に選んでもらえるだけの雇用条件や職場環境などを整えていかなければならない。会社と社員のお互いがフェアな関係で成長していきたい」（渋谷社長）。

代表取締役社長
渋谷 俊彦さん

施工事例　医院、病児保育室、住居の複合施設
設備・建築・意匠設計の全てを担ったプロジェクト

自社開発商品　CO_2モニター・コントローラー「マーベルIoT」
CO_2濃度を遠隔管理・制御する自動換気システム

学生と若手社員が対話できる採用活動を目指す

　同社では年に2回、渋谷社長が全社員と面談し、じっくりと対話する機会を設けている。日常的には業務改善提案などを通じて渋谷社長に直接社員の声が届くことから、現場の抱えている課題や職場の雰囲気などをつかむことができる。

　2022年度入社の新卒採用は、5名全員が理系となった。23年度も同程度の採用数を計画している。基本的に学部学科不問だが、採用実績は建築、電気、機械、情報、環境などを専攻した社員が多い。今後は文系やデータサイエンス、ITなどの人材も受け入れる土壌がある。採用活動では、会社説明会に出席した学生と若手社員が対話する機会を設け、会社のことをより知ってもらえるよう尽力する。

│ 理系出身の若手社員に聞く │

社員同士、社員と社長の距離感が近い会社

建設部　田中 孝侑さん（2013年入社）

　東海大学情報理工学部のコンピュータ応用工学科を卒業し、入社後に配属されたのはグループのシステム・ハウジング建設でした。最初は戸惑いましたが、一人で現場を任されるようになった今は、この仕事が肌に合っているのだなと感じます。建設というと"ガテン系"のイメージを持たれがちですが、施工管理は打ち合わせや予算・工程管理、図面作成といった事務方の仕事が多いです。さまざまな業種や立場の人と話す機会が楽しく、地図に残る仕事をしていることにやりがいを感じます。社員同士や、社員と社長の距離が近い会社です。

▌会社DATA▌

所　在　地：東京都町田市中町1-25-9
設　　　立：1979年4月1日
代　表　者：代表取締役社長　渋谷 俊彦
資　本　金：1億円
従 業 員 数：（約）50人
事 業 内 容：空気調和・換気、給排水衛生、電気設備の設計・施工、CO_2センサー・
　　　　　　コントローラーおよび環境機器の開発・販売など
U　R　L：https://group.chcsys.net/

株式会社戸塚重量

製造業を"搬入"で支える重量屋
——自社製品開発や研修施設建設などに挑戦

ここに注目！

▶ 社員の健康維持や技術向上を目的とした支援制度完備

▶ 総務・事務や搬入現場で理系・文系問わず活躍ができる

現場・外部研修を通じ社員を教育

重量屋とはどのような仕事だろうか。その主な役割は、工作機械や設備といった重量物を工場などに搬入し据え付けることだ。製造業を支える影の立役者といえる業種だが、展示会に出展するなど露出を増やしている。金子俊光社長によると「当社の国内搬入件数は、1番、2番を争う」ほどだといい、機械メーカーからの信頼は厚い。

働く場は総務・事務部門と重量物を搬入する現場担当者の2種類。男女比率は女性が6人、男性が10人（2021年10月19日時点）。女性は全員、総務や事務部門で働いているが、「現場で働く女性も採用したい。そのために労働環境をよりよくする」（金子社長）と話す。約5年前には埼玉県川口市にある本社を改修した。1階には倉庫、2階には事務所を構える。

総務は財務会計・労務管理などを担い、事務は電話対応や展示会の手伝いなどを担当する。現場担当者は顧客から問い合わせを受けた後、現地調査に出向き機械を搬入する。据え付け技術は経験豊富な社員が若手社員に現場で教えることが多いという。

代表取締役社長
金子 俊光さん

さらに、新入社員研修会、職長研修、コミュニケーション研修など外部機関が実施する研修を積極的に活用している。他方で、「顧客の機械搬入時に万が一にも失敗しないように」（金子社長）と自社の研修施設「トレーニングセンター」の建設も視野に入れる。

トレーニングセンターでは社員が機械搬入の訓練ができる環境を整える。本社機能も集約し、社員の健康を考え食堂を設置する方針だ。その上で、子ども食堂として地域住民にも開放するなどの展望を描く。

同社は重量物運搬のほか、作業効率向上と労働環境改善に役立つ自社製品を展開する。自社製品「ELEV Series（エレブシリーズ）」として、重量物を運ぶためのローラーのほか、運搬時の安全性向上のために用いる照明を用意している。

ブレないことで顧客から信頼獲得

「当社の強みはブレないこと」だと金子社長は力を込める。"製造業を支える"思いを貫くことで顧客から信頼を得られるという。その結果、重量運搬物業全体で仕事量が減少したコロナ禍においても、新型コロナウイルス感染症拡大前と同程度の受注量を維持できた。

同社の理念は"慈愛と貫徹"。金子社長は、「お客さまからコストではなく、パートナーだと思われたかった」と理念を決めた経緯を話す。「当社社員がけがをせず、事故を起こさないことは大事だが、お客さまにとってそれだけで十分なのか」（金子社長）と自問する。

周囲から信頼される人を育てる上で重視しているのは、感謝の気持ちを持つことだという。現場担当者は顧客と対面で接する機会が多いため、搬入先や機械メーカーから感謝されることも多くなる。

他方、金子社長は、「日程管理や人員手配を担

「関西ものづくりワールド2021」に出展し、電動ローラーをPR

社内全体会議の様子

安全・確実な作業を実現

当する総務・事務の社員がいるからこそ、現場の社員がお客さまから『ありがとう』と言われる」と強調する。現場担当者が総務・事務の社員に感謝することで、結果的に社員同士が感謝を伝え合う好循環が生まれている。

　福利厚生面では社員全員が人間ドックを受けられるように費用を全額補助する。技術面では免許や資格の取得にかかる費用を全額補助し、社員の意欲を高めている。2017年に入社した中山満さんは、大型免許や整備管理者の資格を取得したという。

　求める人材像を金子社長は、「接する人やモノが毎日違うため、現場担当者であればルーティン作業が苦手な人が合うのではないか」と話す。現場担当の中山満さんも「会社自体が日々、変わり続けていると感じる」と話す。

　総務・事務部門ではローラーなど自社製品の引き合いが出てきたこともあり、マーケティング分野に興味がある人を求める。理系・文系や学んだ分野を問わず活躍できる会社だ。

┤ 理系出身の若手社員に聞く ├

安定した仕事量や 福利厚生が整った環境が魅力

中山　満さん（2017年11月入社、入社4年目）

　私は入社前に仕事体験に参加し、安定した仕事量や福利厚生などに魅力を感じて入社を決めました。入社後は搬入のほか、溶接、塗装、搬入時に使う道具や、道具を運ぶトラックなどの管理、洗車も行います。搬入現場は首都圏以外にも東北、九州など幅広いです。約3年前に15トントラックで九州の搬入現場に行きましたが、帰り道で豪雨に遭ってしまい会社と連絡を取りながら3日ほどかけて帰社した経験が記憶に残っています。前向きで、感謝できる人がこの仕事に向いていると思います。

会社DATA

所　在　地：埼玉県川口市東川口6-14-16
設　　　立：1990年
代表者氏名：代表取締役社長　金子　俊光
資　本　金：1500万円
従 業 員 数：16名
事 業 内 容：重量物運搬
会 社 U R L：http://www.juryo.co.jp/

株式会社日さく

創業110周年、さく井工事のパイオニア
——生活に欠かせない"水"の技術者集団

記者の目

ここに注目！

▶ **AI活用も推進、業務効率化へ**

▶ **社員幸福度を重視、メンター制度も導入**

日さくは井戸を掘るさく井工事を手がけ、2021年4月に創業110年を迎えた老舗として知られる。さく井工事のみならず特殊土木工事や地質調査、井戸用設備製造まで手がける数少ない企業だ。アフリカ、中東・アジア・中南米といった海外にも進出。衛生的な水が得られず生活に苦しむ人々のために地下水による給水施設を建設し、飲料水を供給するなど、自社の事業を通じて国連の持続可能な開発目標（SDGs）にも取り組んでいる。

蛇口をひねれば当たり前に出ると思われている水。同社が本社を置くさいたま市の水道水源のうち、9割は河川などから取水し、1割は井戸水を使っている。日さくはその井戸を掘り、人々に命の水を届けている。

職人の経験とノウハウこそが宝

井戸を掘ると一口に言っても、通常の建設現場で行われる地盤の掘削とは大きく異なる。さく井工事は掘削して終わりではなく、きれいな水を20〜30年以上の長い間出し続ける必要がある。長く使える井戸を掘るには「技術者の経験とノウハウが不可欠」と若林直樹社長は力を込める。長年培った経験

代表取締役
若林 直樹さん

に新技術を組み合わせ、さらに地質の状態も加味し掘削する技術は、まさに同社の宝とも言える。

特に海外事業におけるさく井工事は社会貢献に大きく寄与している。発展途上国では井戸を持たない地域が多数存在する。安全な水を使える場所は少ないため、そこに住む人々は不衛生で汚れた水を利用しなければならない。生きるため水を川でくむ仕事は、その多くを女性や子どもが担当する。同社はこうした地域に井戸を掘り、川に水をくみに行く労働から人々を解放する政府開発援助（ODA）案件を多く手がける。井戸を掘ると村中が歓喜に沸きお祭り騒ぎに。若林社長は「地域の人に喜ばれていることに感動し、自分の仕事が世の中や社会に役立っていることを実感する瞬間だ」と強調する。

近年はデジタル化にも力を入れる。同社の事業は新たな井戸を掘るだけではなく、メンテナンス業も同等に重要だ。そこで人工知能（AI）の活用を実証ベースで進めている。

井戸内の状況を水中テレビカメラで撮影し、現在技術者が目視で判断している「正常」「破損」「閉塞」を自動で分類。静止画にして抽出し、効率的なメンテナンスを実現しようとしている。技術者の作業の省力化が図られるので業務効率化につながる。少子高齢化で人口減少も進む中「ハードな現場作業を機械で代替する」と若林社長。働き方改革にも役立てる構えだ。

人間性を重視、挑戦しやすい環境

デジタル化を積極展開することは、採用活動にも貢献する。昔ながらの職人技術に憧れて入社する社員も多いが、デジタル化を進めることで、新技術に関心がある若手を取り込む狙いもある。「地盤や地下水に対する想いは強く、さく井工事のみならず特殊土木工事や地質調査の人材確保にも注力している」と若林社長はアピールする。

動力源を必要とすることなく飲料水・生活用水が確保される自社施工の防災用井戸

若林社長を囲んだ社員集合写真

ザンビアのハンドポンプ水汲み場

同社は技術者集団で、理系人材の活躍への期待は大きい。一方で若林社長は「専門知識が備わっていなくても構わない。重視しているのは人間性。人間性があって初めて技術が活きる」とも説明する。入社後に懸命に学習してスキルアップする意欲があれば、挑戦、活躍する舞台は用意されていて、理系が専門でない若手社員が現場などで生き生きとして働き、活躍している。

働く人を大切にする同社は、『社員幸福度』を高める取り組みも加速している。メンター制度を導入し、新入社員を対象に、先輩社員をメンターとして相談役に設定。仕事のアドバイスや悩みの相談に乗る仕組みだ。なれ合いを避けるため一定期間後はメンターの交換も実施。こうした取り組みにより、メンター制度導入前よりも離職率が低下した。「『ヒト・モノ・カネ』ではなく『ヒト・ヒト・ヒト』が大切だ」との言葉通り、その人財を武器に、今後も成長し続ける同社に注目したい。

─| 理系出身の**若手社員**に聞く |─

チームで団結、さく井工事。海外での活躍が夢

東日本支社さく井部さく井二課

キム・ドンヒョンさん（2020年入社）

　私は入社2年目で、井戸の掘削やメンテナンス作業を行っています。直近では先輩社員と工事管理も行いました。多くの作業者とコミュニケーションを取り、技術面での対応のみならず工期の流れを考えたり、機材を運ぶタイミングを決めたり、現場を俯瞰する必要があります。難しい業務ですがチームで団結して完成した時の達成感がこの仕事の魅力です。

　韓国の大学を卒業後、秋田県の大学院で地中熱を専門に勉強し、その中で専門性を活かせる当社を知って志望しました。将来はODA事業に携わり、海外で水を必要としている人の役に立ちたいと考えています。

会社DATA

所　在　地：さいたま市大宮区桜木町4-199-3
創　　　業：1912年4月25日
代　表　者：代表取締役　若林　直樹
資　本　金：1億円
従 業 員 数：281名
事 業 内 容：さく井工事、井戸メンテナンス、地下水関連設備工事、特殊土木工事、
　　　　　　　地質調査・建設コンサルタント、海外事業、井戸用設備製造・販売
U 　 R 　 L：https://www.nissaku.co.jp/

日本国土開発株式会社

ゼネコンから先端建設企業、そして地域のパートナーへ
——機械力×ICTで建設DXを進め、地域の課題解決パートナーを目指す

記者の目

ここに
注目
！

▶ 常に新分野に挑戦し、新事業を生み出す改革力No.1のゼネコン

▶ 建設分野No.1ホワイト企業として、2年連続で健康経営銘柄に選定

日本国土開発は、機械力で戦後復興を加速させるために生まれた企業であり、その後、社会の要請に応えて機械力を活用した建設技術を元に公共インフラの整備を手掛け、後に建築にも参入し、ゼネコン（総合建設業者）となった。現在は社会基盤整備や災害復興、街づくりなどの「土木事業」と、物流・商業施設や食品工場、超高層マンションなどを手がける「建築事業」に、新分野として不動産開発事業や太陽光発電をはじめとする再エネ事業を推進する「関連事業」を加えて、3事業で経営を支えている。

同社の朝倉健夫社長は、「当社は一般的なゼネコンとは異なり、他社にはない高性能重機を保有し、直接運用する建設企業で、独自の強いハードをICTやAI（人工知能）でさらに進化させることで他社にはマネのできない生産性の向上を図れる」と説明する。ゼネコン業界の土木建築事業は景気の波に左右されやすいが、同社は再生可能エネルギーや不動産開発といった事業構造改革を進めてきた。このため「景気に左右されにくい収益基盤を整えつつあり、技術開発にも継続的に資金を投じられるようになってきている」（朝倉社長）

代表取締役社長
朝倉 健夫さん

という。同社の仕事は「土木や建築のほか、世の中の変化を先取りし、これまで培ってきたノウハウや、'独自の機械力'を活かして新しい価値を創造する企業を目指してきた」（同）ことが魅力の一つとなっている。

地域のパートナーとして
独自の"町おこし"をやる

日本国土開発は土木、建築、関連の3事業本部の技術やノウハウを融合し、土地区画整理事業による街づくりも行っている。朝倉社長は「地域の課題解決のパートナーとして、地域連携を重視している」と話す。すでに岩手県宮古市ではスマートコミュニティ事業に参加して太陽光発電による再エネ事業を展開し、宮城県松島町では再エネ事業の傍らで町の念願でもあった工業団地の新設を事業主体の主要メンバーとして進め、仙台市では地域の観光資源となるグランピングワーケーション事業を進めており、地域のパートナーとして貢献している。

また、強みである機械分野では、近年多発する豪雨や洪水などの自然災害で発生する水を含んだ粘着度の高い土砂などを土質改良する「回転式破砕混合工法®（通称：ツイスター®）」を独自開発。この工法は「令和3年度リデュース・リユース・リサイクル推進功労者等表彰」において国土交通大臣賞を受賞している。現在、このツイスターは全国の豪雨災害の復興現場や堤防補強の現場で活躍。地球規模の気候変動問題にも対応しており、海外で活用が開始されている。

社員と共に成長を図り、
新しいことに挑戦できる社風

働きやすさに関し、日本国土開発は2年連続で経済産業省と東京証券取引所が認定する「健康経営

ドローン測量の様子

自走型回転式破砕混合機

銘柄」を受賞し、建設分野No.1のホワイト企業に認められた。「テレワークもコロナの前から取り入れており、2020年は新入社員の研修をすべてリモートで実施した」(朝倉社長)。2019年11月1日には総務省からテレワーク先駆者百選の企業に選ばれ、テレワークの普及促進においても、一歩リードしている。

　同社は、企業が強く優良であり続けるためには、社員一人ひとりが心身ともに健康でモチベーションもチャレンジ精神も旺盛でなければならないと考えており、健康経営や働き方改革を推進している。朝倉社長は「人口減少や人手不足の中で、このままの働き方ではいけないという危機感があった」と明かす。「重いものを人が担ぐといった仕事を機械に置き換えていき、ICTやAIも活用して生産性革命を起こしていきたい」と朝倉社長は将来を見据える。

　日本国土開発は、若い人でも、自分自身のキャリアを考えて、新しいことにどんどん挑戦できる社風で、土木や建築、機械、電気、化学などを専攻した理系人材が活躍。「自分できちんと問題を考えて行動でき、前向きでやる気のある人を求めている」(朝倉社長)。

┃ 理系出身の**若手社員**に聞く ┃

経験を積むごとに成長を実感できる仕事

つくば未来センター　山本 絢子さん (2018年入社)

　大学で土砂災害の研究をしており、それを活かせる仕事を探していたところ、合同説明会で当社が災害復興に貢献していると知りました。後日、私だけのために造成工事の見学会を開いてもらい、大型重機が躍動する迫力や社員の熱心な対応に感激し、入社を決めました。現在、河川堤防強化などに貢献するツイスターの技術営業職として、主に現場や営業の支援、研究会運営業務に従事しています。仕事で得た経験や知識が蓄えられ、成長が実感できる職場です。

会社DATA

所　在　地：東京都港区赤阪4-9-9
設　　　立：1951年4月10日
代　表　者：代表取締役社長　朝倉 健夫
資　本　金：50億円
従 業 員 数：1075人（2021年5月現在 連結）
事 業 内 容：総合建設業（国内・海外における土木・建築工事の設計施工）
U　R　L：https://www.n-kokudo.co.jp/

R&D拠点の「つくば未来センター」

株式会社テクトレージ

メーカーとユーザーの困り事を解決する機械商社
──ソフト開発・ブランディング・動画サイト、顧客満足を追求する

記者の目

ここに注目！

▶ 分野を問わず熱意と技術があれば、見合った仕事を用意

▶ 派閥やノルマがない環境で、人のためになる仕事

テクトレージは機械商社としてメーカーとユーザーをつなぐ。神奈川・大阪・大分の3拠点で事業を展開し、大手工作機械メーカーのトップリセラーとして数多くの販売実績を誇る。同社の業務は機械販売のみならずソフトウエアの開発、ブランドコンサルティング、アイデア製品・イベントの開発など多岐に及ぶ。

「お客さまが面倒だと思う事を代わりに引き受ける」と林充社長は経営方針を語る。その言葉通り機械メーカーとユーザーの両者の困り事を解決してきた。売って終わりではない、商社という形に縛られない発想が広範な業務内容を生み、販売実績を重ねて、顧客からの信頼を築いてきた。

人にためになる仕事をする

商社でありながら独自の開発部隊を持つ同社は幅広く顧客の要望に応える。古い機械とパソコンをつなぐケーブルがなければ同社で製作したり、要望に合わせて使い勝手の良いソフトウエアを開発・提供したりする。メーカーでは手が回らないこと、販売店ではできないこと、そういった困り事を解決し続けてきた。メーカーのサポートセン

ターから直接相談が寄せられることもあり、「当社のお客さまの約7割はメーカーとお客さまなどの紹介」（林社長）ということからも同社が築いた信頼の厚さがうかがえる。

さらにユーザーには機械導入時に各種補助金申請サポートを無料で実施する。申請には機械導入の目的・効果を審査員に読みやすく説得力を持って説明する申請書が必要だ。作成作業が煩雑なことから敬遠するユーザーが多いという。同社は顧客からの聞き取りと独自のノウハウで申請を助ける。機械を売るだけでなく、顧客の事業計画を理解したサポートで機械を導入しやすい環境を作り、導入後もユーザーの使い勝手の良さを保つ広範なサポートを続ける。

顧客の事業が成功し発展すればリピートで機械を購入してもらえる。林社長は「率先して人のためになることをする。感謝と一緒に売り上げもついてくる」と、人のためになることが稼ぐことの一番の近道だと説く。そんな同社らしく営業にノルマは一切設けていない。前向きに人のために働くことが同社の優秀なセールスパーソンの特徴だ。就業環境は「公私のメリハリと健康経営を意識する。序列と派閥がないフラットな環境」（同）で、横浜市の「横浜健康経営認証」を申請している。

熱意と技術に見合う仕事を用意する

テクトレージならではといえる新サービスが動画紹介サイト「VIDEFIT」だ。企業がPRしたい動画を公開できるサイトで、競合企業などの特定企業からは閲覧できないよう設定できるなどビジネス用途に特化する。コロナ禍による顧客の非対面ニーズを受け開発した。「営業や採用、多様な場面で活用できる」（同）と企業を助ける新たなプラットフォームを提供する。2021年9月時点で大

代表取締役社長
林　充さん

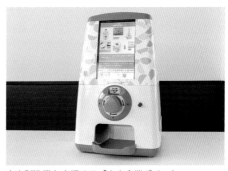

ビジネス用動画紹介サイト「VIDEFIT」　　　　　　　　中小製造業を応援する「中小企業ガチャ」

手工作機械メーカーなど50社ほどが動画を公開し、製品紹介や使用方法、性能比較動画など約500のコンテンツがある。この他にも「中小企業ガチャ」というアイデアPRツールを手がける。カプセルトイのようだが、回して出てくるカプセルの中には中小企業の情報にアクセスできる2次元コード「QRコード」が入っている。各種イベントで設置され、企業・地域・経済を応援する多様な取り組みの一環として展開する。

デジタルマーケティングや仮想現実（VR）技術を使った新サービスを今後の注力分野に挙げ、情報分析者やシステム開発エンジニアといった理系学生に期待する。一方、特定の分野に限らず何かをやりたいという熱意を持つ人材も歓迎する。「熱意と技術を持ち込んでくれれば、会社のビジネスモデルと合致させる。見合う仕事を開発して用意する」（同）と学生の熱意に応えて仕事を作り出すという。この姿勢は、顧客のために広範な働きで新サービスを提供し続けるテクトレージの懐の深さの表れだ。

―――| 理系出身の**若手社員に聞く** |―――

良さを引き出すための提案営業

営業 高山 一祥さん（2020年入社）

工作機械やソフトウエアの営業をしています。売りたい物を強引に提案するのではなく、顧客の求める物をより良い形で提供するために提案・サポートするスタイルです。お客さまとの密なコミュニケーションがあれば数字は自然とついてくるという寛容な社風ながら前年度の売上高を毎年更新しています。じっくりと自己成長ができる職場です。

何よりもお客さまの話を聞き、理解することが重要です。自分のノウハウとお客さまの情報を掛け合わせて満足度の高い提案をすることにやりがいと喜びを感じています。

■ 会社DATA ■■■■■■■■■■■■■■■■■■■■■■■■■

所　在　地：神奈川県横浜市港北区小机町1521番地5
設　　　立：2014年10月1日
代　表　者：代表取締役社長　林　充
資　本　金：2000万円
従業員数：28人
事業内容：産業用生産設備の販売、ソフトウエア開発、プロモーション支援
U　R　L：https://www.techtrage.co.jp/

株式会社太洋

機械梱包が世界に技術を伝える
──物流と段ボールで新サービス・製品に挑む

記者の目

ここに
注目
！

▶ **世界の技術発展に貢献する輸出梱包事業**

▶ **環境に優しくデザイン性高い顧客要望を満たす紙器事業**

太洋は輸出梱包事業で半世紀以上にわたり日本の技術を世界に届けてきた。半導体製造装置や先端医療機器といった精密機械を木箱やスチールで梱包し安全・安心に輸送し、機械と技術の海外展開を後押しする。紙器事業では段ボールの製造・販売を手がける。幅広い場面で活躍する段ボールの開発を通じて企業活動や生活の利便性を高める。新商材開発やSDGsにも取り組み、高品質なサービス・商品に加え持続的な成長戦略で存在感を示している。

「世界の技術発展に貢献できる仕事だ」と斎藤茂雄社長が胸をはるように、梱包が担う役割は重要だ。輸送する製品の形や品質をはじめ保管条件や物流環境といった多様な条件を考慮し、梱包は設計・製造される。だからこそ数千キロ先の目的地まで衝撃に耐え、ありとあらゆる環境下でも安全を保つことができる。さらに木箱やスチール梱包、強化段ボールなど最適な梱包とともに荷役・保管・輸送といった物流を提案する。超大型機械から小型部品まで幅広く梱包する同社は、発電設備関係やプラント機器などに加え、日本の政府開発援助（ODA）に用いる社会インフラ製造用の建築

代表取締役社長
斎藤 茂雄さん

機械の梱包など世界の発展に貢献する実績を誇る。

段ボールの設計・製造

紙器事業で製造する段ボールは「輸送・保管ツールとして優れ、通販など物の行き来が旺盛なニューノーマルの時代を支える」（斎藤社長）事業だ。オーダーメイドの段ボールや小売店で用いる商品を陳列する段ボール製什器などを製造する。同社の特徴は小ロット多品種の注文に対応できることだ。機械で自動加工ができない特殊な機構でも手加工を駆使して製造し、更に顧客がイメージしやすい3D図面で形状提案ができることも強みだ。小ロットから緩衝設計提案まで顧客の要望に応える体制を築く。

両事業を柱とする同社について斎藤社長は「人を大事にし、面倒見が良い」と表現する。その言葉通り人材への教育、業務上の安全に力を注いでいる。社内勉強会「太洋塾」を開催し、従業員同士の交流や実務での課題共有を図る。各営業所や顧客構内など普段離れて働く従業員同士が交流し業務への理解を深めている。さらにリーダーを対象とした人間力アップ講座を実施し、誰もが働きやすい職場環境を作り上げる。技能・知識の向上のため、日々の丁寧な指導に加え梱包管理士や梱包技能士・包装士といった業務上必要な資格取得を全面的にサポートし、会社で費用負担する。安全面では安全専任のスタッフを3人配置する徹底ぶりだ。「当社の規模で3人専任は珍しい。絶対に事故を起こさない、けがをさせないが理念」（同）と万全の業務環境を整える。

新たな梱包を生み出す

近年はSDGsに取り組み環境保全と持続可能な発展に注力する。段ボールは製品から同一製品にリサイクルする水平リサイクルが可能で、使用後

輸出木箱梱包作業風景

紙器事業部の段ボール製品群

の段ボールを溶かして新たな段ボールにでき、環境への貢献度が非常に高い。梱包では独自の簡易パレット「ECO de Palette」を開発した。梱包・輸送費の軽減と梱包材重量の軽量化に加え環境に配慮した製品で、使用木材の体積を従来比で37％減らし、二酸化炭素削減に貢献する。環境配慮型サービスを含め、同社は新事業開発・新製品開発に積極的で、「若い力とともに新しい梱包を生み出したい」（同）と発想と知識、熱意を持つ学生に期待を寄せる。

幅広い分野の学生に活躍の場がある。木箱設計を担うには、木材力学の知識や段ボールの構造・印刷に必要なデザインの知識、製造機械メンテナンスの機械知識などが必要だ。さらに管理・情報発信のデジタル化を担うデジタル知識や防カビ・防錆製品開発に向けた薬剤知識など多様な知識・能力を発揮することができる場が用意されている。「当社は変化する顧客ニーズに応じて高品質なサービスを提供し続ける」（同）、太洋では知識と新しい視点を持つ人材が活躍できそうだ。

| 理系出身の若手社員に聞く |

風通しの良さと安心感で頑張れる

紙器事業部営業部 多田 祐一さん（2014年入社）

個包装箱といった段ボール製品を製造業や倉庫業、出版社など幅広い分野のお客さまに提案しています。生活に密着し物流を支える製品で、頑張りが目に見える形で表れるのでやりがいを感じます。出版社の担当として私が提案した什器が、実際に書店に並び活用された時は感動しました。当社は若手の私から見ても風通しがよく従業員にやさしい社風です。先輩たちのフォローアップも丁寧なので安心感をもって働けます。私も後輩を支える先輩の一人になれるよう経験を積んでいきたいです。

会社DATA

所 在 地：神奈川県横浜市港北区大豆戸町375番地
設　　　立：1956年6月5日
代 表 者：代表取締役社長　斎藤 茂雄
資 本 金：6000万円
従 業 員 数：140人
事 業 内 容：輸出、国内貨物の梱包および輸送、印刷紙器の製造および企画デザイン・包装資材の販売
U　R　L：https://www.taiyotps.com/

エリア別索引

北海道

株式会社 AIS 北海道（札幌市北区）

関東

愛知産業株式会社（東京都品川区）

株式会社アイ・メデックス（千葉市花見川区）

株式会社アルゴグラフィックス（東京都中央区）

株式会社 CAD SOLUTIONS（東京都中央区）

京西テクノス株式会社（東京都多摩市）

京和工業株式会社（東京都江戸川区）

株式会社 KSK（東京都稲城市）

光陽産業株式会社（東京都品川区）

光洋精機株式会社（東京都品川区）

コトブキシーティング株式会社（東京都千代田区）

株式会社三共製作所（東京都北区）

三和シヤッター工業株式会社（東京都板橋区）

シー・エイチ・シー・システム株式会社（東京都町田市）

JN システムパートナーズ株式会社（東京都江東区）

株式会社翔栄（群馬県伊勢崎市）

株式会社太洋（横浜市港北区）

テイ・エス テック株式会社（埼玉県朝霞市）

株式会社テクトレージ（横浜市港北区）

株式会社戸塚重量（埼玉県川口市）

ナプソン株式会社（東京都江東区）

株式会社日さく（さいたま市大宮区）

日信電子サービス株式会社（東京都墨田区）

日本国土開発株式会社（東京都港区）

株式会社不二製作所（東京都江戸川区）

フルード工業株式会社（東京都文京区）

甲信越

株式会社ソーゴ（新潟市北区）

長野オートメーション株式会社（長野県上田市）

株式会社ユウワ（長野県小諸市）

東海

株式会社コスモ技研（愛知県小牧市）

中日本炉工業株式会社（愛知県あま市）

名古屋特殊鋼株式会社（愛知県犬山市）

近畿

株式会社共立合金製作所（兵庫県西宮市）／
　　エバーロイ商事株式会社（大阪市福島区）

株式会社工進（京都府長岡京市）

中国・四国

コスミック工業株式会社（広島県福山市）

日立笠戸重工業協業組合（山口県防府市）

株式会社伏見製薬所（香川県丸亀市）

九州

株式会社熊防メタル（熊本市東区）

株式会社 C&G システムズ（北九州市八幡西区）

社名索引

■機械・ロボット・自動車　■金属加工　■電気・電子・計測　■IT ソリューション
■化学・素材　■建築・建設・土木　■商社　■サービス

NDC 335

2023年版
ココに入社したい！　理系学生注目の優良企業

2022年2月1日　初版1刷発行　　　　　　　　定価はカバーに表示してあります。

Ⓒ編　者　　　日刊工業新聞特別取材班
　発行者　　　井水治博
　発行所　　　日刊工業新聞社　〒103-8548 東京都中央区日本橋小網町14番1号
　　　　　　　書籍編集部　　　電話03-5644-7490
　　　　　　　販売・管理部　　電話03-5644-7410
　　　　　　　FAX　　　　　　 03-5644-7400
　　　　　　　振替口座　　　　00190-2-186076
　　　　　　　URL　　　　　　 https://pub.nikkan.co.jp/
　　　　　　　e-mail　　　　　 info@media.nikkan.co.jp

カバーデザイン　雷鳥図工
印刷・製本　　　新日本印刷（株）

2022 Printed in Japan　　落丁・乱丁本はお取り替えいたします。
ISBN　978-4-526-08191-0　C3034
本書の無断複写は、著作権法上の例外を除き、禁じられています。